Message du Fonds de Recherche de l'Institut de Cardiologie de Montréal

En achetant ce livre, vous choisissez de prendre le parti de votre cœur, bravo !

Mais du même coup, vous contribuez à faire progresser la recherche sur les maladies cardiovasculaires, puisque les bénéfices de cette publication reviennent au Fonds de Recherche de l'Institut de Cardiologie de Montréal.

Nous vous remercions d'avoir ainsi rejoint les milliers de donateurs qui, chaque année, soutiennent l'Institut et ses chercheurs, parmi les meilleurs au monde.

Merci à nos chefs qui ont accepté de mettre gracieusement leurs talents au service de notre cause.

Merci, également, à nos commanditaires. Sans eux, nous n'aurions pu produire un ouvrage d'une telle qualité.

Grâce à leur générosité alliée à la vôtre, de plus en plus de personnes pourront bénéficier d'une meilleure qualité de vie !

Monique F. Leroux
Présidente du conseil d'administration

Depuis dix ans, des progrès technologiques spectaculaires ont marqué la cardiologie et la chirurgie cardiaque. Il en a été de même en prévention cardiovasculaire. En effet, plusieurs recherches récentes ont démontré qu'une baisse significative du taux de cholestérol dans le sang peut entraîner une baisse de la mortalité et une diminution des récidives d'infarctus du myocarde chez des patients porteurs d'une maladie coronarienne. Agir sur le taux de cholestérol sanguin peut également prévenir l'infarctus du myocarde et la mortalité cardiovasculaire chez des personnes bien portantes. Par ailleurs, il a été démontré que des changements importants dans les habitudes de vie (alimentation équilibrée, exercice régulier, arrêt du tabagisme) pouvaient complètement modifier le cours de la maladie coronarienne. Enfin, d'autres études ont fait ressortir les bienfaits d'une alimentation de type méditerranéen, laquelle peut prévenir les récidives de problèmes cardiaques après un infarctus du myocarde.

La nutrition est un domaine complexe et les connaissances y évoluent rapidement, ce qui peut créer une certaine confusion, en particulier chez les non-spécialistes. Ce livre de recettes a pour objectif de faciliter la tâche à ceux et celles qui veulent améliorer leur santé cardiovasculaire.

Les cliniciens de l'Institut de Cardiologie de Montréal sont très heureux de s'associer à cet excellent ouvrage préparé par le Fonds de Recherche avec la collaboration du service de nutrition clinique de l'Institut.

Martin Juneau MD, FRCP (C)
Cardiologue, chef du service de prévention
Institut de Cardiologie de Montréal

D1481356

*C*e livre de recettes réunit les talents culinaires de six grands chefs et l'expertise de l'équipe de diététistes de l'Institut de Cardiologie de Montréal. Il a été conçu plus particulièrement à l'intention des personnes qui souffrent d'une maladie cardiaque ou qui ont des problèmes de poids ou de diabète, qui sont des facteurs de risque en matière de santé cardiovasculaire, mais toute personne soucieuse de se bien nourrir y trouvera elle aussi son bonheur.

Julien Letellier, Alain Labrie, Olivier Bouton, Louise et Michel Beaulne ainsi que Ken Chong ont concocté 240 recettes parfois simples, parfois plus élaborées, toujours avec une seule préoccupation en tête : marier plaisirs de la table et saine alimentation. En complément, vous trouverez à la fin de l'ouvrage la table des recettes, l'index des recettes et un tableau d'équivalences des poids et mesures qui vous seront bien utiles.

Il est important de savoir que les bénéfices de la vente de ce livre reviennent tous au Fonds de Recherche de l'Institut de Cardiologie de Montréal qui a assumé la production et la mise en marché de cet ouvrage. Les sommes ainsi amassées lui serviront à soutenir la recherche en cardiologie et le développement de l'Institut afin que ce dernier, l'un des chefs de file mondiaux dans son domaine, soit en mesure de continuer à offrir les meilleurs soins possible.

Le guide alimentaire, glissé dans une pochette à la fin du livre, vous fournira des informations de nature diététique ou thérapeutique, des conseils, des trucs pratiques et des suggestions de menus qui vous aideront à faire des choix éclairés. Vous constaterez, par ailleurs, que chacune des recettes du livre est accompagnée de petits ♥ de différentes couleurs*, chacune correspondant à une clientèle particulière. Cela vous sera très utile lorsqu'il s'agira de choisir les recettes qui vous conviennent le mieux.

 hypercholestérolémie

 insuffisance cardiaque

 hypertension

 diabète et problème de poids

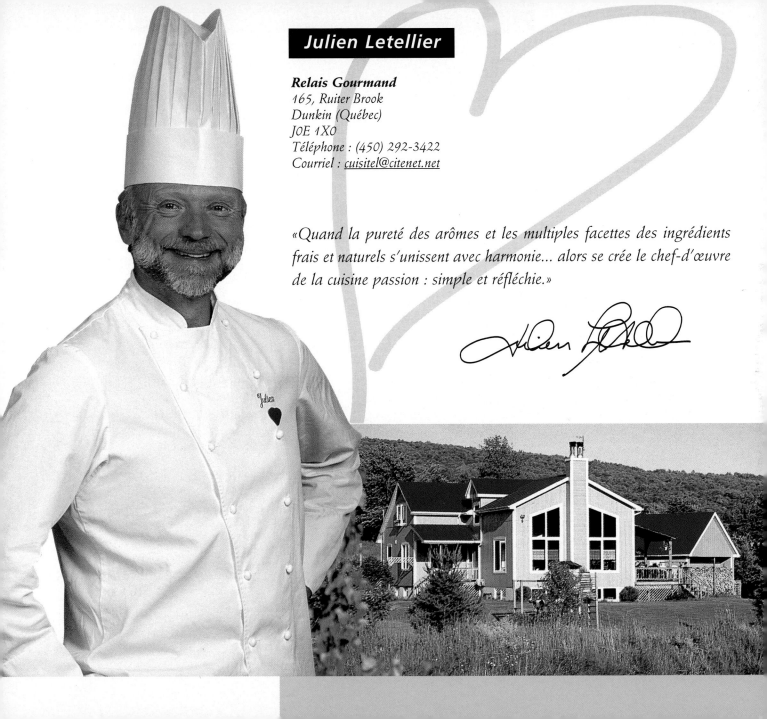

Julien Letellier

Relais Gourmand
165, Ruiter Brook
Dunkin (Québec)
J0E 1X0
Téléphone : (450) 292-3422
Courriel : cuisitel@citenet.net

«Quand la pureté des arômes et les multiples facettes des ingrédients frais et naturels s'unissent avec harmonie... alors se crée le chef-d'œuvre de la cuisine passion : simple et réfléchie.»

Crème de carottes aux lentilles

Pour 4 personnes

Ingrédients :

1 c. à soupe d'huile d'olive
1 oignon finement haché
3 carottes moyennes, hachées finement
30 g (1/4 de tasse) de lentilles rouges
    rincées
625 ml (2 1/2 tasses) de bouillon de
    volaille (voir recette) ou d'eau
le jus d'une orange
sel♥ et poivre
4 c. à soupe de yogourt faible en m.g.
    (facultatif)
fines herbes, au goût

♥ **Ne pas mettre de sel.**

Préparation : Dans une casserole, chauffer l'huile et y faire revenir l'oignon en remuant, jusqu'à ce qu'il soit transparent. Ajouter les carottes, les lentilles et le bouillon. Porter à ébullition puis réduire le feu et laisser mijoter à découvert environ 15 minutes. Passer au robot jusqu'à ce que la soupe ait une consistance lisse. Remettre la soupe dans la casserole. Ajouter le jus d'orange, le sel et le poivre et faire réchauffer doucement. Servir la crème aussitôt, garnir d'une bonne cuillerée de yogourt et parsemer de quelques fines herbes, au goût.

Conseil : Les lentilles rouges cuisent très vite. Si vous utilisez d'autres lentilles, prévoyez un temps de cuisson plus long.

Crème de volaille à la laitue

Pour 4 à 6 personnes

Ingrédients :

2 c. à soupe d'huile d'olive ou autre
1/2 blanc de poireau émincé
1 carotte moyenne émincée
1 branche de céleri émincée
1 petit oignon émincé
2 c. à soupe de farine
125 ml (1/2 tasse) de lait 1 % ou écrémé
750 ml (3 tasses) de bouillon de volaille
 dégraissé (voir recette)
1 pincée de thym
1 feuille de laurier
1 feuille de sauge ou 1 pincée de sauge
 en poudre
poivre au goût
1/2 laitue Iceberg ou autre
1 pincée de paprika
1 poitrine de poulet cuite et coupée
 en cubes
croûtons de pain

Préparation : Dans une casserole, faire chauffer l'huile d'olive à feu doux. Faire suer les légumes, sauf la laitue, 3 ou 4 minutes. Saupoudrer de farine et bien mélanger. Incorporer doucement le lait et le bouillon. Ajouter le thym, le laurier, la sauge et le poivre, laisser mijoter à feu doux, à découvert, environ 15 minutes. Incorporer les feuilles de laitue et passer le tout au robot culinaire. Remettre dans la casserole, ajouter le paprika et les morceaux de poulet. Réchauffer. Garnir de croûtons et servir très chaud.

MARGARINE
Nuvel

Potage onctueux aux légumes

Pour 4 à 6 personnes

Ingrédients :

1/2 navet haché menu
1 carotte moyenne, hachée menu
1/2 oignon moyen, haché menu
1 c. à soupe d'huile de maïs
40 g (1/4 de tasse) de farine
750 ml (3 tasses) de bouillon de poulet
   (voir recette)
75 g (1/2 tasse) de fromage ferme 15 %
   ou moins de m.g., râpé
625 ml (2 1/2 tasses) de lait 1 % ou
   écrémé
sel♥ et poivre au goût
1/2 c. à thé d'origan
fines herbes hachées finement

♥ **Ne pas mettre de sel.**

Préparation : Faire revenir les légumes dans l'huile de maïs jusqu'à ce que l'oignon soit transparent. Ajouter la farine et cuire environ 5 minutes à feu doux. Verser le bouillon de poulet tout en remuant régulièrement avec une cuillère de bois. Laisser mijoter à découvert environ 10 minutes. Ajouter le fromage et retirer du feu. Dans une autre casserole, porter le lait à ébullition. L'incorporer au bouillon. Assaisonner. Garnir de fines herbes hachées finement.

Conseil : Ce potage devient une crème une fois passé au robot culinaire ou au mélangeur électrique.

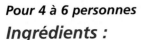
MARGARINE
Nuvel MD/TM

Pour 6 personnes

Ingrédients :

1 c. à soupe de margarine
  non hydrogénée
1 concombre anglais émincé
1 oignon moyen, émincé
2 pommes de terre, pelées, coupées
  en cubes
1 l (4 tasses) de bouillon de poulet
  dégraissé (voir recette)
1 c. à thé de cumin moulu
250 ml (1 tasse) de lait 2 %

Préparation : Dans une casserole, faire fondre la margarine et y faire revenir le concombre et l'oignon. Ajouter les pommes de terre et verser le bouillon de poulet. Ajouter le cumin et cuire à feu moyen, à découvert, pendant 20 minutes. À l'aide du robot culinaire, réduire le mélange en purée et verser dans la casserole. Ajouter le lait et réchauffer.

Conseil : Cette soupe sera tout aussi délicieuse servie glacée.

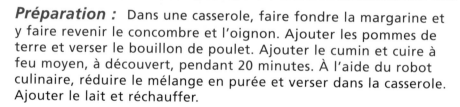

Julien Letellier

MARGARINE
Nuvel

Pour 6 à 8 personnes

Ingrédients :

230 g (8 oz) de haricots blancs
2 l (8 tasses) d'eau froide
1 oignon haché finement
1 gousse d'ail dégermée et hachée fin
1 ou 2 branches de céleri hachées
2 ou 3 c. à soupe d'huile de maïs
2 poireaux coupés en julienne
1/2 chou vert finement coupé
1 branche de thym et 1 branche de
   romarin, liées ensemble
1 c. à soupe de pâte de tomates
sel ♥
poivre
2 c. à soupe de persil haché
   grossièrement
fromage au goût
croûtons de pain

♥ *Ne pas mettre de sel.*

Préparation : Mettre les haricots blancs dans un bol d'eau et laisser tremper toute une nuit. Égoutter les haricots et les mettre dans une casserole. Couvrir de 2 litres d'eau froide. Porter à ébullition. Couvrir et laisser mijoter 2 ou 3 heures, jusqu'à ce que les haricots soient tendres. Faire revenir l'oignon, l'ail et le céleri dans l'huile de maïs environ 10 minutes, en remuant souvent. Ajouter les poireaux, le chou, les herbes et remuer 3 ou 4 minutes. Égoutter les haricots au-dessus des légumes. Incorporer la pâte de tomates. Porter à ébullition et laisser mijoter à découvert 30 minutes. Ajouter les haricots et un peu d'eau si nécessaire. Laisser mijoter jusqu'à ce que tous les légumes soient cuits. Retirer les fines herbes et assaisonner. Juste avant de servir, ajouter le persil. Servir cette soupe très chaude et accompagnée de fromage râpé et de croûtons grillés.

MARGARINE
Nuvel ᴹᴳ/ᵀᴹ

Velouté de lentilles

Pour 4 personnes

Ingrédients :

100 g (1/2 tasse) de lentilles jaunes
  ou vertes
eau froide en quantité suffisante
2 pommes de terre non pelées, coupées
  en dés
2 oignons moyens, hachés finement
1 carotte moyenne, coupée en dés
1 gousse d'ail dégermée et hachée
  finement
1 feuille de laurier
680 ml (2 3/4 tasses) de bouillon de
  poulet peu salé dégraissé
  (voir recette)
poivre au goût
60 ml (1/4 de tasse) de lait écrémé
persil frais, haché finement, au goût
croûtons de pain de blé grillés

Préparation : Faire tremper les lentilles dans l'eau froide environ 30 minutes. Bien égoutter. Dans un plat allant au four micro-ondes, réunir les lentilles, les pommes de terre, les oignons, la carotte, l'ail, la feuille de laurier, le bouillon de poulet et le poivre. Cuire à intensité maximale 10 minutes. Brasser et poursuivre la cuisson à feu moyen-fort 15 minutes. À l'aide du robot culinaire, réduire en purée. Mettre dans une casserole et réchauffer sur le feu. Avant de servir, ajouter le lait tout en mélangeant. Verser dans des bols et garnir de persil et de croûtons.

MARGARINE
Nuvel

Omelette-repas

Pour 1 personne

Ingrédients :

1 œuf entier et 2 blancs d'œufs
1 c. à soupe de lait 1 % ou écrémé
1 pincée de cari ou de paprika
sel ♥ et poivre, au goût
1 c. à thé d'huile
2 c. à soupe de jambon ♥ cuit, coupé en
   dés (facultatif)
2 c. à soupe de tomate fraîche,
   hachée finement
1 c. à soupe d'oignon vert, haché fin

♥ Ne pas mettre de sel ni de jambon.

Préparation : Fouetter l'œuf et les blancs d'œufs jusqu'à ce qu'ils soient mousseux ; ajouter le lait, le cari ou le paprika, le sel et le poivre. Faire chauffer une grande poêle à revêtement antiadhésif, à feu moyen. Huiler légèrement la poêle. Verser le mélange d'œufs et cuire à feu moyen en agitant la poêle jusqu'à ce que les œufs soient légèrement fermes. Parsemer de jambon si désiré, de tomate et d'oignon vert haché. Retirer du feu. Avec une fourchette, soulever un tiers de l'omelette et replier vers le centre; incliner la poêle, retourner l'omelette et renverser ensuite dans une assiette.

Conseil : Pour varier, ajoutez des légumes hachés et des fines herbes fraîches ou encore du fromage à faible teneur en gras.

Vins coups de cœur : Vin blanc, muscadet
Vin blanc, soave d'Italie

MARGARINE
Nuvel

Pour 4 à 6 personnes

Ingrédients :

4 tranches de pain de blé entier,
  coupées en cubes de 1 cm (1/2 po)
1 œuf
4 blancs d'œufs
500 ml (2 tasses) de lait écrémé
150 g (1 tasse) de mozzarella 15 %
  de m.g. râpée
1/4 de c. à thé de moutarde sèche
  ou de Dijon
poivre frais moulu
300 g (10 oz) d'épinards décongelés ou
  frais blanchis, hachés et bien
  égouttés
125 ml (1/2 tasse) de macédoine de
  légumes blanchis
2 c. à soupe d'oignon vert haché
125 g (1/2 tasse) de petites crevettes
  de Matane cuites

Préparation : Préchauffer le four à 180°C (350°F). Placer les cubes de pain dans un plat graissé de 3,5 l (14 tasses) allant au four. Fouetter l'œuf et les blancs d'œufs. Incorporer le lait, la mozzarella, la moutarde, le poivre, les épinards et la macédoine de légumes. Verser sur le pain. Parsemer d'oignon vert et de crevettes. Cuire au four pendant 40 minutes ou jusqu'à ce que le mélange soit ferme. Retirer du four et laisser reposer 2 ou 3 minutes avant de servir.

Vins coups de cœur : Vin blanc, muscadet
Vin blanc, Frascati, Italie

Couscous aux pois chiches

Pour 20 personnes

Ingrédients :

1,90 l (7 1/2 tasses) de bouillon de
  poulet bouillant (voir recette)
1 kg (5 tasses) de couscous précuit
  (moyen)
80 ml (1/3 de tasse) d'huile
2 gros oignons, hachés finement
2 gousses d'ail, dégermées et
  hachées finement
3 carottes, coupées en petits dés
125 ml (1/2 tasse) d'eau
2 boîtes (de 540 ml/19 oz) de pois
  chiches♥
75 g (1/2 tasse) de pistaches ou
  d'amandes hachées
15 g (1/4 de tasse) de persil frais, haché
  grossièrement
menthe fraîche, hachée
sel♥ et poivre

**♥ Ne pas mettre de sel. Bien rincer les pois
chiches pour réduire la quantité de sel.**

Préparation : Dans une casserole, mélanger le bouillon avec le
couscous. Couvrir et laisser reposer pendant 15 minutes. Dans une
autre casserole, chauffer l'huile, y cuire les oignons et l'ail pendant
8 minutes, ou jusqu'à ce qu'ils soient tendres. Ajouter les carottes et
l'eau. Couvrir et faire cuire pendant 5 minutes. Incorporer les pois
chiches bien égouttés. Réduire le feu à moyen-doux et laisser mijoter
pendant 5 minutes. Incorporer au couscous. Ajouter les pistaches, le
persil et la menthe. Saler et poivrer. Laisser refroidir, couvrir et
conserver au réfrigérateur pendant toute une nuit. Avant de servir,
passer au four à 180°C (350°F) 30 minutes environ.

Vins coups de cœur : Vin rouge du Beaujolais
Vin rosé de Tavel, Côtes-du-Rhône

Pour 4 personnes

Ingrédients :

280 ml (1 1/8 tasse) d'eau
6 c. à thé d'huile d'olive
200 g (1 tasse) de couscous
1 poivron rouge haché grossièrement
1/2 oignon rouge haché finement
1 branche de céleri hachée finement
1 concombre non pelé, coupé en petits
   dés (environ 1 tasse)
20 g (1/3 de tasse) de basilic frais, haché
15 g (1/4 de tasse) de persil frais, haché
60 ml (1/4 de tasse) de jus de lime
1 gousse d'ail dégermée et hachée
   finement
sel ♥ et poivre, au goût

♥ **Ne pas mettre de sel.**

Préparation : Porter 250 ml d'eau à ébullition. Ajouter 1 c. à thé d'huile d'olive et le couscous. Couvrir et retirer du feu. Réserver 5 minutes. Séparer les grains de couscous à l'aide d'une fourchette. Étendre le couscous sur une plaque de cuisson et laisser refroidir. Dans un grand saladier, mélanger le poivron, le couscous refroidi, l'oignon rouge, le céleri, le concombre, le basilic et le persil. Réserver. Mélanger le reste de l'eau et de l'huile d'olive, le jus de lime et l'ail dans un petit bol, à l'aide d'un fouet. Assaisonner. Arroser la salade de vinaigrette et mélanger délicatement. Couvrir et réfrigérer au moins 15 minutes ou jusqu'au moment de servir.

Conseil : Excellent pour accompagner une grillade de poulet.

Vins coups de cœur : Vin rosé de Tavel, Côtes-du-Rhône
Vin rouge, pinot noir d'Alsace

MARGARINE
Nuvel

Chili de légumineuses au gratin

Pour 6 personnes

Ingrédients :

1 aubergine moyenne
1 pincée de sel♥
60 ml (1/4 de tasse) d'huile
2 ou 3 poivrons rouges coupés en dés
2 ou 3 poivrons verts coupés en dés
3 ou 4 oignons hachés grossièrement
2 à 4 gousses d'ail dégermées et
   hachées finement
2 c. à soupe d'assaisonnement au chili
1 c. à soupe de cumin
1 c. à soupe de basilic séché
1 c. à soupe d'origan séché
1 1/2 c. à thé de poivre
2 boîtes (de 796 ml/28 oz) de tomates
   italiennes
1 boîte (de 540 ml/19 oz) de haricots
   rouges
1 boîte (de 540 ml/19 oz) de pois
   chiches
300 g (2 tasses) de mozzarella
   partiellement écrémée râpée ou
   150 g (1 tasse) de parmesan faible
   en m.g. râpé

♥ *Ne pas mettre de sel.*

♥ *Ne pas accompagner de pain.*

Préparation : Couper l'aubergine en cubes de 1 cm (1/2 po). Mettre dans une passoire et saupoudrer de sel. Laisser dégorger pendant 1 heure. Rincer et bien éponger. Dans une grande casserole à fond épais, faire chauffer l'huile à feu moyen. Y cuire l'aubergine, les poivrons, les oignons et l'ail pendant 5 minutes, ou jusqu'à ce qu'ils soient ramollis. Ajouter l'assaisonnement au chili, le cumin, le basilic, l'origan et le poivre. Laisser cuire pendant 3 minutes en remuant. Ajouter les tomates, en les défaisant avec une fourchette, et porter à ébullition. Réduire le feu et laisser mijoter, en remuant souvent, pendant 20 à 30 minutes, ou jusqu'à ce que les légumes soient tendres. Ajouter les haricots rouges et les pois chiches bien égouttés. Poursuivre la cuisson pendant 15 minutes ou jusqu'à ce que le chili ait épaissi. Rectifier l'assaisonnement. Placer le chili dans un plat peu profond d'une capacité de 2,5 l (10 tasses). Parsemer du fromage râpé. Faire griller pendant 4 minutes ou jusqu'à ce que le fromage ait fondu et soit doré.

Vins coups de cœur : Vin rosé de Provence
Vin rouge, merlot du Chili

Pour 4 personnes

Ingrédients :

4 filets de turbot, de 150 g (5 oz)
   chacun environ
2 échalotes françaises hachées
125 ml (1/2 tasse) de vin blanc sec
1 citron vert (lime) en quartiers
1 citron en quartiers
1 pamplemousse en quartiers
2 c. à soupe de persil ciselé
poivre fraîchement moulu

Préparation : Couper 4 feuilles de papier d'aluminium suffisamment grandes pour envelopper les filets de turbot. Huiler chaque feuille et y déposer un filet de turbot. Préchauffer le barbecue. Dans un bol, mélanger tous les autres ingrédients. Répartir sur les 4 filets. Replier les feuilles de papier d'aluminium et fermer hermétiquement. Déposer les papillotes sur la grille du barbecue ou sur une plaque au four à 190°C (380°F). Faire cuire de 10 à 12 minutes en les retournant une fois. Servir aussitôt avec des légumes verts de votre choix et du riz, si désiré.

Vins coups de cœur : Vin blanc de la Toscane
                        Sauvignon blanc

Julien Letellier

Morue au vin blanc et à la tomate

Pour 4 personnes

Ingrédients :

1 c. à soupe d'huile d'olive ou autre
1 oignon émincé
1 poivron, rouge ou vert, détaillé en lanières
1 gousse d'ail dégermée et hachée
1 feuille de laurier
3 tomates fraîches, hachées
sel♥ et poivre
125 ml (1/2 tasse) de vin blanc sec
4 filets de morue de 150 g (5 oz) chacun

♥ *Ne pas mettre de sel.*

Préparation : Faire chauffer l'huile dans un grand poêlon à revêtement antiadhésif, à feu moyen. Y faire cuire l'oignon, le poivron rouge et l'ail jusqu'à ce qu'ils soient tendres. Ajouter la feuille de laurier et les tomates. Assaisonner au goût et laisser mijoter 5 minutes. Mouiller avec le vin blanc. Disposer les filets de morue sur la sauce, les uns à côté des autres. Couvrir et laisser mijoter à feu très doux 10 minutes, ou jusqu'à ce que la chair du poisson se détache à la fourchette. Servir avec du riz ou des pâtes.

Conseils : Tout poisson blanc peut être apprêté de la sorte. Vous pouvez utiliser des tomates en boîte. Si vous décidez de ne pas mouiller avec du vin, ajoutez suffisamment de jus de tomate pour couvrir le poisson.

Vins coups de cœur : Vin blanc de Bordeaux
Pinot blanc d'Alsace

Pour 4 personnes

Ingrédients :

4 filets de sole, d'environ 150 g (5 oz) chacun

sel♥ ♥ et poivre fraîchement moulu

farine

1 c. à soupe d'huile d'olive

2 c. à soupe de câpres égouttées♥ ♥

2 citrons coupés en quartiers et pelés à vif

2 c. à soupe d'olives noires dénoyautées et hachées♥ ♥

60 ml (1/4 de tasse) de vin blanc sec

10 petits croûtons grillés

1 c. à soupe de persil ciselé

♥ ♥ ♥ ♥ **Pour les grandes occasions.**

♥ ♥ **Ne pas mettre de sel, de câpres ni d'olives.**

Préparation : Assaisonner les filets de sole et les enrober de farine. Faire chauffer l'huile dans une poêle à revêtement antiadhésif et y faire légèrement dorer les filets de sole à feu moyen-fort, 2 ou 3 minutes de chaque côté. Retirer et réserver. Dans la même poêle, faire réchauffer les câpres, les quartiers de citron et les olives noires à feu moyen. Mouiller avec le vin blanc. Laisser mijoter à feu doux 3 ou 4 minutes. Ajouter les croûtons et le persil. Faire réchauffer rapidement les filets dans la poêle. Servir la sole sur un lit de sauce et garnir avec des fruits.

Vins coups de cœur : Vin blanc, pouilly-fumé
Vin blanc, chardonnay d'Argentine

Moelleux de saumon frais

Pour 4 personnes

Ingrédients :

4 tranches de saumon de 150 g (5 oz)
   chacune, épongées

La marinade :
1 limette tranchée
1 c. à soupe de jus de limette
1 c. à soupe d'huile au choix
2 gousses d'ail dégermées et pressées
4 petits oignons verts, coupés en fines
   rondelles
1 trait de sauce Tabasco
1 feuille de laurier
1 bouquet de thym, haché
poivre au goût

Préparation : Mélanger les ingrédients de la marinade, y faire macérer les tranches de saumon 2 ou 3 heures. Égoutter les tranches (conserver les rondelles de limette pour la décoration) et griller à la poêle quelques minutes de chaque côté. Pendant la cuisson, badigeonner le saumon avec la marinade. Éviter de trop cuire, la chair doit demeurer moelleuse. Servir aussitôt, accompagné d'une salade. Décorer les tranches de saumon avec les rondelles de limette.

Vins coups de cœur : Vin blanc de Chablis
Vin blanc, chardonnay d'Italie

Pour 4 personnes

Ingrédients :

1 boîte (de 540 ml/19 oz) de haricots
  rouges ou de pois chiches
1 petit oignon émincé
1 boîte de thon (dans l'eau)
2 ou 3 c. à soupe d'huile d'olive
  ou végétale
poivre
4 à 6 tomates cerises
persil haché au goût
quelques quartiers de limette ou
  de citron

Préparation : Dans un saladier, combiner les haricots rouges
bien égouttés, l'oignon, le thon, bien égoutté et rincé, et l'huile
d'olive. Bien mélanger. Poivrer. Dresser sur une assiette et garnir
de tomates cerises, de persil et de quartiers de limette ou de
citron. Servir.

Vins coups de cœur : Vin blanc, chardonnay de Bourgogne
Vin rouge, merlot du Languedoc-
Roussillon

Julien Letellier

MARGARINE
Nuvel

Papillotes de poulet vapeur à l'estragon

Pour 4 personnes

Ingrédients :

3 c. à soupe d'huile d'olive ou végétale
poivre
1 c. à soupe d'estragon frais, haché
le zeste d'un demi-citron, coupé en
  fines lamelles
4 poitrines de poulet, désossées
  et sans peau

Préparation : Dans un bol, mélanger l'huile, le poivre, l'estragon et le zeste de citron. Badigeonner les poitrines de ce mélange et laisser reposer 1 ou 2 heures au réfrigérateur. Déposer les poitrines de poulet sur 4 feuilles de papier d'aluminium ou de papier sulfurisé. Parsemer du zeste de citron récupéré de la marinade. Bien refermer les papillotes, les déposer sur une plaque et les faire cuire au four à 190°C (375°F) de 15 à 20 minutes.

Vins coups de cœur : Vin blanc, pouilly-fuissé
Vin rouge, cabernet franc de la Loire

Pour 4 personnes

Ingrédients :

4 poitrines de poulet désossées
   et sans peau
40 g (1/4 de tasse) de farine
1 c. à soupe d'huile végétale
sel♥ et poivre
2 c. à soupe de miel liquide
1 c. à soupe de zeste de citron, râpé
1 c. à soupe d'origan ou d'estragon
   frais, haché

♥ **Ne pas mettre de sel.**

Préparation : Préchauffer le four à 180°C (350°F). Enrober légèrement les poitrines de poulet de farine. Dans une poêle antiadhésive, faire chauffer l'huile à feu moyen-fort. Faire revenir les poitrines 4 ou 5 minutes, ou jusqu'à ce qu'elles soient légèrement dorées des deux côtés. Assaisonner au goût. Déposer dans un plat de cuisson et faire cuire au four de 10 à 15 minutes. Retirer l'excédent de gras de la poêle. Verser le miel, le zeste de citron et les fines herbes dans la poêle, faire cuire à feu moyen jusqu'à ce que cela bouillonne. Sortir les poitrines de poulet du four et les déposer dans la poêle. Les retourner pour bien les enrober, puis les caraméliser légèrement.

Conseil : Vous pouvez retirer le sel et le poivre dans cette recette ; les fines herbes relèvent suffisamment ce plat.

Vins coups de cœur : Vin blanc, chardonnay d'Australie
Vin rouge, pinot noir de Californie

Chili au poulet et aux légumes

Pour 6 personnes

Ingrédients :

2 c. à soupe d'huile de maïs
450 g (1 lb) de poulet ou de dinde haché, maigre
2 oignons moyens hachés
1 gousse d'ail dégermée et émincée
2 carottes hachées
4 branches de céleri hachées
2 ou 3 poivrons verts hachés
1 boîte (de 796 ml/28 oz) de tomates entières broyées
1 boîte (de 540 ml/18 oz) de haricots rouges ou blancs
1 c. à soupe de piment fort (chili) broyé (facultatif)
1 c. à soupe de jus de citron
1 c. à thé de cumin
3 c. à soupe de persil frais, haché
250 ml (1 tasse) de bouillon de poulet peu salé (voir recette) ou d'eau ♥

♥ *Utiliser du bouillon sans sel ou de l'eau.*

Préparation : Dans une poêle antiadhésive, chauffer l'huile de maïs et faire revenir le poulet à feu moyen-fort pendant 5 minutes. Bien remuer à la fourchette. Retirer l'excédent de gras de la poêle, s'il y a lieu. Incorporer les oignons, l'ail, les carottes, le céleri et les poivrons. Poursuivre la cuisson 4 ou 5 minutes. Incorporer les tomates, les haricots rincés et bien égouttés, le piment fort broyé, le jus de citron, le cumin et le persil. Couvrir et laisser mijoter de 8 à 10 minutes. Ajouter le bouillon de poulet, laisser réduire un peu, puis servir.

Conseils : Faute de haricots rouges, n'oubliez pas que les pois chiches sont aussi des légumineuses et peuvent remplacer à merveille les haricots. Une tranche de pain de blé complétera bien ce plat.

Pour 4 à 6 personnes

Ingrédients :

4 à 6 magrets (poitrines) de canard
   du lac Brôme

La marinade :
310 ml (1 1/4 tasse) de jus de pomme
   non sucré
125 ml (1/2 tasse) ou plus d'eau ou
   de vin rouge sec
2 c. à thé de clou de girofle moulu
2 c. à thé d'origan ou de basilic séché
   ou 3 c. à soupe s'ils sont frais
1/2 c. à thé de poivre noir

Préparation :   Quadriller la peau des magrets de canard avec un couteau. Déposer dans un plat peu profond, sur le côté de la peau. Réserver. Dans un bol, mélanger tous les ingrédients de la marinade. Verser sur le canard. Couvrir et réfrigérer de 1/2 heure à 2 heures. Cuire de 5 à 7 minutes de chaque côté sur le gril, à la poêle ou au four à 180°C (350°F), en badigeonnant de marinade de temps à autre. Servir accompagnés d'une salade au choix ou de légumes verts.

Vins coups de cœur :   Vin rouge, Côtes-du-Rhône, Saint-Joseph
                          Saint-Émilion, Bordeaux

Pain de viande express

Pour 4 à 6 personnes

Ingrédients :

1 tranche de pain de blé entier coupée en dés
125 ml (1/2 tasse) de lait écrémé
500 g (1 lb) de bœuf, de dinde ou de porc haché maigre
1 petite carotte râpée
1 petit oignon haché finement
3 c. à soupe de persil ciselé finement
1 œuf
origan ou thym séché
sel ♥ et poivre fraîchement moulu

La sauce tomate rapide :

250 ml (1 tasse) de jus de tomate ♥
1 petite gousse d'ail dégermée et hachée
1 c. à soupe de persil frais, ciselé
1 c. à thé de basilic séché
2 c. à soupe de fromage à la crème léger

♥ **Ne pas mettre de sel. Remplacer le jus de tomate par 125 ml (1/2 tasse) de pâte de tomates et 125 ml d'eau.**

Préparation : Préchauffer le four à 180°C (350°F). Dans un bol, faire tremper les dés de pain dans le lait de 5 à 10 minutes. Incorporer tous les autres ingrédients et bien mélanger. Verser dans un moule à pain légèrement graissé. Faire cuire au four de 45 à 50 minutes. Servir accompagné de sauce tomate. **La sauce :** Réunir dans une casserole le jus de tomate avec l'ail et les fines herbes. Faire chauffer à feu moyen, environ 10 minutes, jusqu'à ce qu'il épaississe légèrement. Y incorporer le fromage à la crème juste avant de servir. Bien mélanger.

MARGARINE Nuvel

Pour 6 personnes

Ingrédients :

12 côtelettes d'agneau
2 c. à soupe de moutarde de Dijon ♥
romarin ou thym, séché ou frais,
   au goût
1 gousse d'ail dégermée et hachée
   finement
1/4 de c. à thé de grains de poivre noir
   broyés
cresson ou brindilles de ciboulette
   (garniture)

♥ *Réduire la moutarde de Dijon*
  à 1 c. à soupe.

Préparation : Retirer le gras visible des côtelettes et les disposer sur la plaque à rôtir. Dans un bol, mélanger la moutarde, le romarin ou le thym, l'ail et le poivre. En enduire les côtelettes. Griller au four en plaçant les côtelettes à 10 cm (4 po) de la source de chaleur et cuire environ 6 minutes. Retourner la viande et cuire 4 ou 5 minutes. Dresser sur l'assiette et garnir de cresson ou de ciboulette.

Conseil : Évitez de trop cuire la viande, les côtelettes d'agneau se mangent à point, c'est-à-dire rosées.

Vins coups de cœur : Vin rouge, malbec, Argentine
                    Ribera del Duero, Espagne

MARGARINE
Nuvel ᴹᴳ/ᵀᴹ

Porc au thym

Pour 4 personnes

Ingrédients :

4 côtelettes de porc d'environ 120 g
   (4 oz) chacune
1 c. à soupe d'huile
2 c. à soupe de jus de citron
4 c. à thé de miel
2 c. à thé de moutarde de Dijon♥
1 c. à thé de thym séché
sel♥ et poivre, au goût

♥ **♥ Pour les grandes occasions.**

♥ **Ne pas mettre de sel. Réduire la moutarde
de Dijon à 1 c. à soupe.**

Préparation : Retirer le gras visible des côtelettes et les déposer dans un plat de verre peu profond. Dans un bol, mélanger au fouet l'huile, le jus de citron, le miel, la moutarde et le thym. Verser cette préparation sur les côtelettes. Couvrir et placer au réfrigérateur 8 heures en tournant les côtelettes plusieurs fois. Préchauffer le four à 180°C (350°F). Égoutter les côtelettes et les déposer dans un plat de cuisson. Cuire au four 15 minutes. Retourner les côtelettes et poursuivre la cuisson 20 minutes. Assaisonner et servir.

Conseil : Toutes les coupes de porc peuvent être utilisées pour faire cette recette. Avec de la longe, c'est excellent !

Vins coups de cœur : Vin blanc, Chablis, Bourgogne
Vin rouge, Cahors, France

MARGARINE
Nuvel MD/TM

Julien Letellier

Veau aux herbes

Pour 4 personnes

Ingrédients :

1 c. à soupe de coriandre fraîche, hachée

1 c. à soupe de marjolaine fraîche, hachée

1 c. à soupe de persil frais, haché

1 c. à soupe d'estragon frais, haché

poivre au goût

4 escalopes de veau d'environ 120 g (4 oz) chacune

4 grandes feuilles de laitue frisée ou romaine, lavées

Préparation : Dans un bol, mélanger les fines herbes et le poivre. Aplatir les escalopes avec un maillet ou le côté plat d'un couteau large. Saupoudrer les fines herbes sur les escalopes. Déposer chaque escalope sur une feuille de laitue. Rouler, puis piquer d'un cure-dent. Cuire à la vapeur (dans une marguerite) 15 minutes. Servir avec des pâtes nature, des champignons sautés et une salade.

Conseils : Pour un peu plus de saveur, ajoutez 2 c. à soupe de fromage parmesan râpé au mélange de fines herbes. Vous pouvez remplacer le veau par des escalopes de dinde.

Vins coups de cœur : Vin blanc, Sancerre
Vin rouge, cabernet franc de la Loire

Gâteau mousse aux agrumes

Pour 8 personnes

Ingrédients :

120 g (1 tasse) de chapelure de biscuits
   Graham
5 c. à soupe de margarine
   non hydrogénée, fondue
2 pamplemousses roses ou ordinaires
2 sachets de gélatine sans saveur
225 g (1/2 lb) de fromage frais léger
   (Quark), ramolli
160 g (2/3 de tasse) de yogourt nature,
   faible en gras
2 c. à soupe de miel liquide
4 blancs d'œufs, battus en neige ferme
le jus et le zeste râpé d'un citron

♥ **Calculer 1 féculent.**

Préparation : Mélanger la chapelure de biscuits Graham et la margarine. En presser les deux tiers au fond d'un moule à charnière de 23 cm (9 po) et mettre au frais. Peler les pamplemousses à vif. Réserver les quartiers et le jus qui s'en écoule. Saupoudrer la gélatine sur le jus réservé. Laisser reposer 2 ou 3 minutes jusqu'à ce que la gélatine ait ramolli. Faire chauffer au bain-marie jusqu'à ce que la gélatine soit fondue. Réserver. Dans un autre bol, battre le fromage avec le yogourt et le miel. Y incorporer la gélatine, le zeste et le jus de citron. Bien mélanger. Incorporer les blancs d'œufs en neige. Verser sur le fond de pâte et réfrigérer jusqu'au moment de servir. Avant le service, démouler le gâteau au fromage et presser le reste des biscuits émiettés contre le pourtour. Garnir avec les quartiers de pamplemousse.

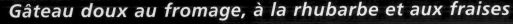

Pour 8 personnes

Ingrédients :

La croûte :
120 g (1 tasse) de chapelure de biscuits Graham
2 c. à soupe d'amandes ou de noisettes moulues
55 g (1/4 de tasse) de margarine non hydrogénée
1 c. à soupe de cassonade

La garniture :
2 sachets de gélatine sans saveur
250 ml (1 tasse) de jus de pomme non sucré
750 g (3 tasses) de fromage cottage
2 bananes
55 g (1/4 de tasse) de sucre

La sauce :
200 g (2 tasses) de rhubarbe fraîche ou décongelée, hachée
1 casseau (1 1/4 tasse) de fraises fraîches ou décongelées, en tranches
170 g (3/4 de tasse) de sucre
2 c. à soupe de liqueur d'orange (facultatif)
2 c. à soupe de fécule de maïs

La décoration :
zeste de citron ou de lime
fraises en tranches

♥ *Réserver ce gâteau pour les grandes occasions seulement.*

Préparation : **La croûte :** À l'aide du robot culinaire, mélanger tous les ingrédients de la croûte. Tapisser avec les doigts le fond d'un moule à charnière de 23 cm (9 po) de diamètre ou une assiette à tarte. Réserver au frais. **La garniture :** Dans une tasse à mesurer, saupoudrer la gélatine sur 60 ml (1/4 de tasse) de jus de pomme. Laisser gonfler 5 minutes. Placer la tasse à mesurer dans une casserole d'eau chaude, réchauffer doucement jusqu'à ce que la gélatine soit dissoute. Retirer du feu et réserver. Au robot culinaire, mélanger le fromage cottage, les bananes, le sucre et le reste du jus de pomme, jusqu'à obtention d'une texture onctueuse. Incorporer la gélatine et brasser. Verser sur la croûte, réserver au réfrigérateur 3 ou 4 heures ou jusqu'à ce que le mélange soit ferme.
La sauce : Dans une casserole, réunir la rhubarbe, les fraises, le sucre et la liqueur d'orange. Porter à ébullition à feu moyen-fort. Réduire le feu et laisser mijoter 5 minutes environ. Épaissir à la fécule de maïs délayée dans un peu d'eau froide. Bien mélanger. Démouler le gâteau, napper de sauce et décorer de zeste d'agrumes et de tranches de fraise.

Julien Letellier

MARGARINE Nuvel

Coussin aux poires et aux avelines

Pour 6 à 8 personnes

Ingrédients :

8 blancs d'œufs
115 g (1/2 tasse) de sucre
1 c. à thé d'essence de vanille
160 g (1 tasse) de farine tout usage
20 g (1/4 de tasse) de cacao
1/2 c. à thé de poudre à pâte
2 c. à soupe de lait 2 %, chaud
6 demi-poires en conserve dans un
   sirop léger, égouttées et coupées en
   fines tranches, dans le sens de la
   longueur
125 g (1/2 tasse) d'avelines blanches,
   hachées
55 g (1/4 de tasse) de cassonade

Préparation : Préchauffer le four à 200°C (400°F). Graisser un moule rond de 23 cm (9 po) de diamètre et en recouvrir le fond d'une feuille de papier paraffiné (ciré). Dans un bol, battre les blancs d'œufs jusqu'à ce qu'ils soient mousseux. Ajouter le sucre graduellement en continuant de battre. Parfumer de vanille. Réserver. Dans un autre bol, tamiser la farine, le cacao et la poudre à pâte. Ajouter aux blancs d'œufs en alternant avec le lait, tout en mélangeant. Couvrir le fond du moule de tranches de poire, en les tassant bien pour ne pas laisser d'espace. Répartir les avelines et la cassonade sur les poires, bien presser. Verser ensuite le mélange à gâteau. Cuire au four 20 minutes. Démouler le gâteau pendant qu'il est encore chaud.

Conseil : Vous pouvez accompagner ce dessert d'une sauce aux fruits sans sucre ou d'une touche de yogourt.

MARGARINE
Nuvel

Clafoutis aux pêches

Pour 8 personnes

Ingrédients :

4 pêches mûres pelées ou
   4 pêches en conserve dans un sirop
   léger, rincées
le zeste d'un citron
75 g (1/3 de tasse) de sucre ou moins
4 œufs
125 ml (1/2 tasse) de lait 2 %
40 g (1/4 de tasse) de farine tout usage
1 pincée de sel♥
250 g (1 tasse) de yogourt nature
1 c. à soupe de margarine
   non hydrogénée

♥ **Ne pas mettre de sel.**

♥ **Calculer 1 fruit.**

Préparation : Préchauffer le four à 190°C (375°F). Couper les pêches en fines tranches et les disposer dans le fond d'un plat à quiche de 25 à 30 cm (10 à 12 po) de diamètre, bien graissé. Parsemer de zeste de citron et de 2 c. à soupe de sucre. Combiner les œufs, le lait, la farine, le reste du sucre et le sel dans le robot culinaire. Mélanger pendant 1 minute. Incorporer le yogourt et la margarine fondue. Mélanger quelques secondes et verser sur les pêches. Cuire au four environ 50 minutes, ou jusqu'à ce que le clafoutis soit doré et bien gonflé.

Conseil : Vous pouvez préparer ce dessert à l'avance et le conserver au congélateur.

Julien Letellier

MARGARINE
Nuvel

Gâteau léger aux carottes

Pour 8 à 10 personnes

Ingrédients :

8 blancs d'œufs
230 g (1 tasse) de cassonade tassée
125 ml (1/2 tasse) d'huile végétale
125 g (1/2 tasse) de yogourt nature à
  faible teneur en gras
160 g (1 tasse) de farine tout usage
160 g (1 tasse) de farine de blé entier
2 c. à thé de poudre à pâte
1/2 c. à thé de bicarbonate de soude
1/2 c. à thé de sel♥
2 c. à thé de cannelle
1 c. à thé de gingembre
1/2 c. à thé de muscade
720 g (3 tasses) de carottes râpées
250 ml (1 tasse) d'ananas broyé,
  égoutté
160 g (1 tasse) de raisins secs

♥ Ne pas mettre de sel. Pour les grandes
occasions.

Préparation : Dans un grand bol, fouetter les blancs d'œufs jusqu'à ce qu'ils soient mousseux. Ajouter la cassonade et battre jusqu'à ce que le mélange soit léger. Incorporer l'huile et le yogourt tout en battant ; bien mélanger. Ajouter les farines, la poudre à pâte, le bicarbonate de soude, le sel, la cannelle, le gingembre et la muscade ; remuer pour bien mélanger. Ajouter les carottes, l'ananas et les raisins secs. Verser dans un moule tubulaire de 1,5 l (10 po) ou un moule rectangulaire de 3,5 l (13 x 9 po) graissé et fariné. Cuire au four à 180°C (350°F), 1 1/4 heure pour le moule tubulaire, de 40 à 50 minutes pour le moule rectangulaire, ou jusqu'à ce qu'un cure-dent inséré au centre en ressorte propre.

Gâteau aux pommes

Pour 6 à 8 personnes

Ingrédients :

80 g (1/2 tasse) de farine
6 c. à soupe de sucre
60 ml (1/4 de tasse) d'huile végétale
125 ml (1/2 tasse) de lait 1 %
1 œuf
1 c. à soupe de poudre à pâte
1 pincée de sel ♥
3 pommes, pelées, évidées et coupées
   en fins quartiers
yogourt léger (facultatif)
cannelle (facultatif)

♥ **Ne pas mettre de sel.**

♥ **Calculer 1 fruit.**

Préparation : Préchauffer le four à 190°C (375°F). Graisser et fariner légèrement un moule à gâteau rond. Dans un bol, battre à la cuillère de bois tous les ingrédients, sauf les quartiers de pomme, jusqu'à ce que la pâte soit lisse. Verser dans le moule graissé. Disposer les quartiers de pomme sur la pâte. Faire cuire au four de 30 à 40 minutes, jusqu'à ce qu'un cure-dent piqué au centre du gâteau en ressorte sec. Laisser légèrement refroidir avant de démouler. Servir chaud ou froid, après avoir garni de yogourt et saupoudré de cannelle.

Conseil : Vous pouvez remplacer les pommes par des pêches ou des poires en conserve, égouttées.

MARGARINE
Nuvel

Julien Letellier

Gâteau au yogourt et aux petits fruits

Pour 8 à 12 personnes

Ingrédients :

240 g (1 1/2 tasse) de farine tout usage
115 g (1/2 tasse) de sucre
1 1/2 c. à thé de poudre à pâte
2 c. à soupe de poudre de noisettes
75 g (1/3 de tasse) de margarine
  non hydrogénée
2 blancs d'œufs
1 c. à thé de vanille
60 ml (1/4 tasse) de lait 2 %
750 g (3 tasses) de framboises fraîches
  ou 1 paquet de 300 g (10 oz) de
  framboises surgelées, non sucrées,
  égouttées

La couverture :
500 g (2 tasses) de yogourt brassé
  nature
2 c. à soupe de farine tout usage
1 œuf légèrement battu
60 ml (1/4 de tasse) de miel
2 c. à thé de zeste de citron râpé
1 c. à thé de vanille

Préparation : Préchauffer le four à 180°C (350°F). Dans le bol d'un robot culinaire ou au mélangeur électrique, réunir la farine, le sucre, la poudre à pâte, la poudre de noisettes, la margarine, les blancs d'œufs, la vanille et le lait. Bien mélanger. Graisser le fond d'un moule à gâteau rond de 20-22 cm (8-9 po), y verser la préparation et garnir de framboises. **La couverture :** Dans un bol, mélanger le yogourt et la farine. Incorporer l'œuf, le miel, le zeste de citron et la vanille. Remuer jusqu'à ce que le mélange soit bien homogène et verser sur les fruits. Cuire au four de 50 à 60 minutes ou jusqu'à ce que le dessus soit doré. Servir chaud ou froid.

MARGARINE
Nuvel MDTM

Pour 10 à 12 personnes

Ingrédients :

125 ml (1/2 tasse) de miel
1 œuf
3 c. à soupe de margarine
   non hydrogénée, fondue
125 ml (1/2 tasse) de café préparé
160 g (1 tasse) de farine de blé entier
160 g (1 tasse) de farine blanche
1/4 de c. à thé de sel ♥
2 1/2 c. à thé de poudre à pâte
1 pincée de cannelle
1 pincée de muscade
1 pincée de piment de la Jamaïque
   moulu (allspice)
55 g (1/2 tasse) de noix de Grenoble,
   hachées finement

♥ **Ne pas mettre de sel.**

♥ **Calculer 2 féculents.**

Préparation : Préchauffer le four à 180°C (350°F). Graisser un moule à pain de 23 cm (9 po). Battre le miel au fouet pendant 5 minutes. Ajouter l'œuf, bien mélanger. Incorporer la margarine et bien battre à nouveau. Enfin, ajouter le café à la température de la pièce. Réserver. Tamiser ensemble les farines, le sel, la poudre à pâte et les épices. Ajouter la moitié des noix aux ingrédients secs. À l'aide d'une spatule, incorporer en pliant le premier mélange (œuf et miel) au deuxième. Verser dans le moule. Parsemer du reste des noix. Cuire pendant 50 à 60 minutes.

Pour 16 personnes

Ingrédients :

320 g (2 tasses) de farine
4 c. à thé de poudre à pâte
1/2 c. à thé de sel♥
1 pincée de cannelle moulue
250 ml (1 tasse) de lait écrémé
1 œuf
2 c. à soupe d'huile
125 ml (1/2 tasse) de miel
480 g (2 tasses) de carottes râpées
  finement
40 g (1/4 de tasse) de raisins secs
225 g (1/2 tasse) de fromage frais léger

♥ **Ne pas mettre de sel.**

♥ **Calculer 1 féculent.**

Préparation : Préchauffer le four à 200°C (400°F). Graisser et fariner 16 grands moules à muffins ou les tapisser de moules de papier. Mélanger la farine avec la poudre à pâte, le sel et la cannelle. Verser ce mélange dans le bol d'un robot culinaire. Ajouter le lait, l'œuf et l'huile ; travailler juste pour mélanger. Ajouter le miel, les carottes et les raisins ; travailler juste pour mélanger. Répartir la pâte entre les moules. Découper le fromage frais en 16 cubes et en déposer un sur chaque muffin. Faire cuire au four environ 20 minutes, ou jusqu'à ce que le dessus du muffin reprenne aussitôt sa forme lorsqu'on le presse avec le doigt.

Rendement : 1 pain de 12 tranches

Ingrédients :

55 g (1/4 de tasse) de cassonade tassée
55 g (1/4 de tasse) de margarine
   non hydrogénée
1 œuf
2 c. à soupe de yogourt faible en gras
125 ml (1/2 tasse) de lait écrémé
le zeste d'un citron
240 g (1 1/2 tasse) de farine de blé
   entier
1 c. à thé de poudre à pâte
2 c. à soupe de graines de pavot

La glace :
2 c. à soupe de jus de citron
1 c. à soupe de cassonade

♥ **Calculer 1 féculent.**

Préparation : Préchauffer le four à 180°C (350°F). Graisser un moule à pain de 23 cm (9 po). Dans un grand bol, battre en crème la cassonade et la margarine. Ajouter, en battant, l'œuf et le yogourt. Incorporer le lait et le zeste de citron. Dans un autre bol, mélanger la farine de blé entier, la poudre à pâte et les graines de pavot. Incorporer, en battant, au premier mélange jusqu'à ce que la préparation soit homogène. Verser dans le moule et cuire au four pendant 1 heure ou jusqu'à ce qu'un cure-dent inséré au centre en ressorte propre. Retirer du four et laisser reposer le pain dans son moule pendant 3 minutes. **La glace :** Dans un petit bol, bien mélanger le jus de citron et la cassonade. Verser sur le pain chaud.

Julien Letellier

MARGARINE
Nuvel

Pain aux dattes

Rendement : 1 pain de 12 tranches

Ingrédients :

250 ml (1 tasse) d'eau bouillante
125 ml (1/2 tasse) de jus d'orange
  chauffé
500 g (2 1/4 tasses) de dattes hachées
1 œuf
1 c. à soupe de margarine
  non hydrogénée
160 g (1 tasse) de farine blanche
200 g (1 1/4 tasse) de farine de blé
  entier
1 c. à thé de bicarbonate de soude
1 pincée de sel♥
55 g (1/2 tasse) de noix de Grenoble
1 c. à soupe de zeste d'orange

♥ *Ne pas mettre de sel.*

♥ *Calculer 1 fruit et 1 féculent.*

Préparation : Préchauffer le four à 180°C (350°F). Graisser un moule de 23 cm (9 po). Verser l'eau bouillante et le jus d'orange sur les dattes et laisser refroidir. Pendant ce temps, battre l'œuf et la margarine. Incorporer au mélange de dattes. Combiner les farines, le bicarbonate de soude et le sel. Ajouter le zeste d'orange et les noix de Grenoble hachées grossièrement. Incorporer les ingrédients secs à la préparation de dattes. Laisser reposer 20 minutes. Cuire de 50 à 60 minutes.

MARGARINE
Nuvel

Rendement : 1 pain de 12 tranches

Ingrédients :

300 g (2 tasses) de courgettes râpées
125 ml (1/2 tasse) de miel
75 g (1/3 de tasse) de margarine
 non hydrogénée, fondue
1 œuf
2 blancs d'œufs
1/2 c. à thé de vanille
160 g (1 tasse) de farine blanche
160 g (1 tasse) de farine de blé entier
1 c. à thé de sel♥
2 1/2 c. à thé de poudre à pâte
1/4 de c. à thé de muscade
1/2 c. à thé de piment de la Jamaïque
 moulu (allspice)
1/2 c. à thé de cannelle
1/4 de c. à thé de gingembre
80 g (1/2 tasse) de raisins secs
 (facultatif)

♥ **Ne pas mettre de sel.**

♥ **Calculer 1 féculent.**

Préparation :

Préchauffer le four à 180°C (350°F). Graisser un moule à pain de 23 cm (9 po). Placer les courgettes râpées dans une grande passoire et les laisser égoutter 20 minutes. Ensuite les presser pour extraire l'excès d'humidité. À l'aide d'un batteur électrique, fouetter le miel environ 5 minutes. Ajouter la margarine, l'œuf, les blancs d'œufs et la vanille, et battre quelques minutes. Réserver. Dans un grand bol, tamiser ensemble les farines, le sel, la poudre à pâte et les épices. Incorporer en alternant les courgettes et les ingrédients secs au premier mélange. Ajouter des raisins secs si désiré. Verser dans le moule et cuire de 35 à 45 minutes.

Julien Letellier

Pour 6 à 8 personnes

Ingrédients :

2 sachets de gélatine sans saveur
125 ml (1/2 tasse) d'eau
500 ml (2 tasses) de fraises en purée
185 g (3/4 de tasse) de yogourt nature
    à faible teneur en m.g.
1/2 c. à thé de zeste d'orange râpé
4 blancs d'œufs
115 à 170 g (1/2 à 3/4 de tasse) de sucre
    granulé

Garniture :
fraises fraîches
zeste d'orange râpé

Préparation : Dans une petite casserole ou un plat allant au four micro-ondes, saupoudrer la gélatine sur l'eau ; laisser ramollir 5 minutes. Faire chauffer à feu doux ou cuire au four micro-ondes à intensité moyenne (50 %) 50 secondes, ou jusqu'à ce que la gélatine soit dissoute. Dans un bol, combiner les fraises, le yogourt, le zeste d'orange et le mélange de gélatine. Bien brasser et réfrigérer jusqu'à ce que le mélange commence à prendre ou qu'il ait la consistance d'un blanc d'œuf. Dans un grand bol, battre les blancs d'œufs jusqu'à formation de pics mous. Incorporer graduellement le sucre en battant jusqu'à formation de pics fermes. Ajouter en fouettant environ le quart des blancs d'œufs battus au mélange de fraises ; incorporer délicatement le reste des blancs d'œufs. Verser dans un bol de service. Couvrir et réfrigérer au moins 1 heure avant de servir. La mousse se conserve 2 jours. Décorer de fraises fraîches tranchées et de zeste d'orange.

Mousse à l'orange

Pour 6 personnes

Ingrédients :

1 sachet de gélatine sans saveur
60 ml (1/4 de tasse) d'eau froide
500 ml (2 tasses) de jus d'orange
  non sucré
le jus d'un citron
le zeste d'une orange et d'un citron
2 c. à soupe de miel
250 g (1 tasse) de yogourt nature faible
  en gras

Préparation : Ramollir la gélatine dans l'eau froide. Dans une petite casserole, chauffer le jus d'orange, le jus de citron, les zestes et le miel. Retirer du feu et ajouter la gélatine. Bien la dissoudre. Refroidir au réfrigérateur jusqu'à consistance d'un blanc d'œuf. À l'aide d'un batteur électrique, fouetter jusqu'à l'obtention d'une mousse. Incorporer le yogourt et réfrigérer jusqu'à consistance ferme.

Conseil : Peut aussi se faire avec du jus de canneberge.

Julien Letellier

MARGARINE
Nuvel

Petites coupes au fromage et aux fruits

Pour 5 personnes
Ingrédients :

1 sachet de gélatine sans saveur
60 ml (1/4 de tasse) d'eau
2 c. à soupe de jus de citron
2 c. à soupe de sucre ou de miel
500 g (2 tasses) de fromage cottage
   1 % ou 2 %
125 ml (1/2 tasse) de fruits frais ou en
   conserve rincés (pêches, mandarines,
   fraises, etc.)

Préparation : Faire gonfler la gélatine dans l'eau froide quelques minutes, puis chauffer pour la dissoudre complètement. Mettre tous les ingrédients dans un mélangeur ou un robot culinaire et brasser doucement jusqu'à l'obtention d'une crème onctueuse. Déposer dans de petites coupes et réfrigérer 2 heures. Décorer d'une tranche de fruit et servir.

MARGARINE
Nuvel MG/TM

Douceur d'abricots amandine

Pour 6 personnes

Ingrédients :

400 g (2 tasses) d'abricots secs lavés
50 g (1/3 de tasse) d'amandes blanchies,
   en bâtonnets
250 g (1 tasse) de yogourt nature
2 ou 3 c. à soupe de miel ou de sirop
   d'érable
1 c. à soupe de liqueur d'orange
2 c. à soupe d'amandes grillées,
   hachées ou de germes de blé

♥ **Calculer 2 fruits.**

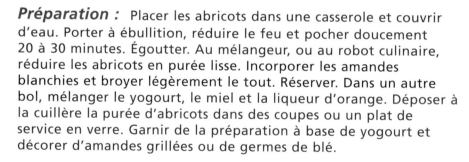

Préparation : Placer les abricots dans une casserole et couvrir d'eau. Porter à ébullition, réduire le feu et pocher doucement 20 à 30 minutes. Égoutter. Au mélangeur, ou au robot culinaire, réduire les abricots en purée lisse. Incorporer les amandes blanchies et broyer légèrement le tout. Réserver. Dans un autre bol, mélanger le yogourt, le miel et la liqueur d'orange. Déposer à la cuillère la purée d'abricots dans des coupes ou un plat de service en verre. Garnir de la préparation à base de yogourt et décorer d'amandes grillées ou de germes de blé.

Julien Letellier

MARGARINE
Nuvel

Vrai.

La margarine Nuvel présente un réel avantage pour la santé du cœur.

La margarine **Nuvel** non hydrogénée représente une nette amélioration par rapport aux margarines régulières. Elle ne contient presque aucun acide gras «trans» et elle possède une forte concentration d'acides gras mono et polyinsaturés favorables à la santé du cœur.

Ce qui fait de la margarine **Nuvel** un atout précieux dans la réduction des risques de maladies cardiovasculaires.

NUVEL Façon Santé

Salade méli-mélo

Pour 4 personnes

Ingrédients :

250 ml (1 tasse) d'ananas broyé
   en conserve
480 g (2 tasses) de carottes râpées
1 branche de céleri ou
   1 poivron vert haché
1/2 c. à thé de zeste de citron
1 c. à soupe de jus de citron
1 c. à thé de miel
1 pincée de sel♥
1 pincée de poudre de gingembre ou
   1/2 c. à thé de gingembre frais, haché
4 feuilles de laitue

♥ **Ne pas mettre de sel.**

Préparation : Égoutter l'ananas et réserver 2 c. à soupe de jus. Combiner tous les ingrédients dans un bol de taille moyenne et bien mélanger. Couvrir et réfrigérer de 2 à 24 heures. Servir sur des feuilles de laitue.

Pour 4 à 6 personnes

Ingrédients :

4 ou 5 poires mûres et fermes,
   non pelées, hachées
4 branches de céleri, hachées avec
   les feuilles
125 ml (1/2 tasse) de haricots rouges
   en conserve

La sauce :

125 g (1/2 tasse) de yogourt nature
3 c. à soupe de jus de citron
30 g (1/4 de tasse) de gingembre confit,
   haché finement ou quelques tranches
   de gingembre frais hachées finement
sel ♥ et poivre

♥ **Ne pas mettre de sel.**

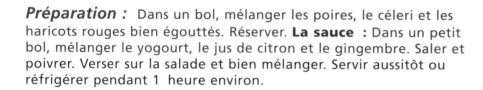

Préparation : Dans un bol, mélanger les poires, le céleri et les haricots rouges bien égouttés. Réserver. **La sauce :** Dans un petit bol, mélanger le yogourt, le jus de citron et le gingembre. Saler et poivrer. Verser sur la salade et bien mélanger. Servir aussitôt ou réfrigérer pendant 1 heure environ.

Salade de haricots verts et de germes de soya

Pour 4 personnes

Ingrédients :

1 c. à soupe de jus de citron
ou de limette
2 c. à thé de sauce tamari
1 c. à soupe de coriandre ou de persil
frais, haché
1 c. à thé de sucre
1 c. à thé d'huile de sésame
1 pincée de poudre d'ail
250 g (2 tasses) de haricots verts cuits
80 g (1 tasse) de germes de soya (fèves
germées)
1 poivron vert ou rouge, en dés
1 c. à thé de graines de sésame,
grillées de préférence

Préparation : Mélanger les 6 premiers ingrédients dans un grand bol. Ajouter les haricots, les germes de soya et le poivron. Bien mélanger. Couvrir et réfrigérer de 4 à 24 heures. Saupoudrer de graines de sésame avant de servir.

Salade de lentilles aux petits légumes

Pour 6 à 8 personnes

Ingrédients :

200 g (1 tasse) de lentilles brunes ou
  autres
2 carottes moyennes coupées en dés
2 grosses gousses d'ail, dégermées et
  hachées finement
1 feuille de laurier
1/2 c. à thé de thym
2 oignons rouges ou espagnols coupés
  en dés
2 branches de céleri coupées en dés
15 g (1/4 de tasse) de persil frais, haché
  grossièrement
60 ml (1/4 de tasse) d'huile d'olive
60 ml (1/4 de tasse) de jus de citron
1/2 c. à thé de sel♥
1/4 de c. à thé de poivre

♥ Ne pas mettre de sel.

Préparation : Dans une casserole, réunir les lentilles, les carottes, l'ail, la feuille de laurier et le thym. Couvrir d'au moins 2,5 cm (1 po) d'eau. Porter à ébullition, réduire le feu et laisser mijoter à découvert pendant 15 à 18 minutes, ou jusqu'à ce que les lentilles soient tendres mais non défaites. Égoutter et retirer la feuille de laurier. Placer dans un bol. Incorporer les oignons, le céleri, le persil, l'huile d'olive, le jus de citron, le sel et le poivre. Mélanger. Laisser reposer 1 heure environ et servir.

Vins coups de cœur : Vin blanc, vinho verde du Portugal
Vin rouge, cabernet du Frioul

Julien Letellier

Tomate et courgette en salade

Pour 2 personnes

Ingrédients :

1 tomate en morceaux
1 petite courgette, coupée en minces
  rondelles
2 oignons verts hachés
1 c. à thé de basilic frais, haché ou
  1/4 de c. à thé de basilic séché
2 c. à soupe de vinaigrette au choix
  (voir recettes)
2 feuilles de laitue
2 c. à soupe de feta émiettée♥ ou de
  mozzarella râpée faible en m.g.

♥ **Éviter le fromage feta.**

Préparation : Dans un grand bol, combiner la tomate, la courgette, les oignons verts et le basilic frais ou séché. Bien remuer puis ajouter la vinaigrette. Bien mélanger et réserver. Dresser les feuilles de laitue sur une assiette. Déposer le mélange de légumes sur les feuilles de laitue. Garnir de fromage. Servir.

Salade de fenouil aux pamplemousses

Pour 8 personnes

Ingrédients :

90 ml (3/8 de tasse) de jus d'orange
60 ml (1/4 de tasse) de jus de citron
3 c. à soupe d'huile d'olive
2 c. à soupe de miel
1 échalote française hachée menu
1 c. à thé de zeste de citron
1 c. à thé de zeste d'orange
1 c. à thé de racine de gingembre pelée
   et hachée
1 c. à thé de moutarde sèche
   ou de Dijon
1 c. à thé d'huile de sésame (facultatif)
2 pamplemousses roses pelés à vif
1 bulbe de fenouil taillé en tranches
   très fines
2 avocats mûrs, pelés, coupés en
   tranches
25 g (1/2 tasse) de coriandre ou de
   persil frais, haché

Préparation : Bien mélanger au fouet les 10 premiers ingrédients. Prélever les quartiers de pamplemousses à l'aide d'un couteau. Couvrir le fond d'un plat de service de minces tranches de fenouil. Garnir de pamplemousses et d'avocats. Verser la vinaigrette et garnir de coriandre ou de persil.

Pour 4 personnes

Ingrédients :

8 feuilles de laitue Boston parées
240 g (1 tasse) de carottes râpées
240 g (1 tasse) de betteraves, blanchies
  quelques minutes, pelées et râpées
240 g (1 tasse) de céleri-rave râpé
60 g (1 tasse) d'épinards frais, émincés
65 g (1 tasse) de luzerne

La vinaigrette :
125 g (1/2 tasse) de yogourt nature,
  sans gras
1 c. à soupe d'huile d'olive
2 c. à soupe de citronnelle ou de
  menthe, émincée
60 ml (1/4 de tasse) de jus d'orange
  non sucré

Préparation : Déposer les feuilles de laitue dans 4 assiettes puis répartir joliment les légumes sur les feuilles de laitue. Dans un bol, mélanger les ingrédients de la vinaigrette. Verser la vinaigrette sur la salade. Servir.

Salade de fusilli au basilic

Pour 4 personnes

Ingrédients :

250 g (1/2 lb) de pâtes en spirale
1/2 poivron rouge haché
3 c. à soupe d'olives noires, dénoyautées
   et hachées
2 c. à soupe de persil ciselé
2 tomates pelées, épépinées et hachées

La vinaigrette :

2 c. à soupe de vinaigre de vin rouge
   ou de fruits
1 c. à soupe d'huile d'olive
1 c. à soupe d'eau
2 c. à soupe de basilic frais, ciselé
   finement
2 c. à thé de moutarde de Dijon

♥ **Calculer 1 féculent.**

Préparation : Cuire les pâtes, les égoutter et les combiner dans un grand bol avec le poivron rouge, les olives, le persil et les tomates. Réserver. Mélanger tous les ingrédients de la vinaigrette dans un autre bol. Verser sur les pâtes et bien mélanger. Couvrir et réfrigérer environ 2 heures, pour permettre à toutes les saveurs de se combiner. Servir froid.

Conseil : Vous pouvez facilement transformer cette salade d'accompagnement en une salade-repas en y ajoutant des cubes de poulet cuit, du saumon ou du thon en conserve dans l'eau, ou encore des œufs durs hachés.

Pour 2 personnes

Ingrédients :

50 g (1/4 de tasse) de pâtes courtes
  (fusilli, penne, etc.)
1/2 c. à thé de zeste d'orange
2 c. à soupe de jus d'orange
60 g (1/4 de tasse) de yogourt nature
1 c. à thé de miel
1 pincée de sel♥
2 pommes évidées, coupées en dés
2 c. à soupe d'oignon vert haché
1 orange

♥ **Ne pas mettre de sel.**

Préparation : Cuire les pâtes *al dente*. Pendant ce temps, préparer la sauce en combinant le zeste et le jus d'orange avec le yogourt, le miel et le sel. Réserver. Une fois les pâtes cuites, les mélanger avec les pommes et l'oignon vert. Enrober le tout de la sauce à l'orange. Peler l'orange à vif et la séparer en quartiers. Ajouter à la salade. Couvrir et réfrigérer de 2 à 24 heures.

Pour 4 personnes

Ingrédients :

350 g (12 oz) de pâtes alimentaires
    (fusilli, rotini)
1 pincée de muscade
3 c. à soupe d'huile d'olive ou végétale
2 c. à soupe de persil frais, haché
    finement
1 c. à soupe d'aneth frais, haché
    finement
1 c. à thé de basilic frais, haché
    finement
1 c. à soupe de vinaigre de vin rouge
    ou de fruits
1 c. à soupe de jus de citron
1/2 c. à thé de moutarde de Dijon
poivre
80 g (1/2 tasse) de pois chiches
1 courgette émincée
15 g (1/4 de tasse) de ciboulette fraîche,
    ciselée

Préparation : Dans une grande casserole d'eau bouillante, cuire les pâtes *al dente*. Bien égoutter. Assaisonner de muscade et réserver. Verser l'huile d'olive dans un grand saladier. Ajouter le persil, l'aneth et le basilic. Incorporer en fouettant le vinaigre de vin, le jus de citron, la moutarde de Dijon et le poivre. Ajouter les pâtes refroidies, les pois chiches, la courgette et la ciboulette. Bien mélanger. Couvrir et laisser refroidir au réfrigérateur pendant quelques heures.

Vins coups de cœur : Vin blanc, Soave, Italie
Vin blanc, Penedès, Espagne

Julien Letellier

Salade de pois chiches au persil frais

Pour 4 personnes

Ingrédients :

1 boîte (540 ml/19 oz) de pois chiches♥
25 g (1/2 tasse) de persil frais, haché
grossièrement
1 poivron rouge ou vert, coupé en dés
2 c. à soupe d'oignon rouge haché
finement
2 gousses d'ail dégermées et hachées
finement
3 c. à soupe d'huile d'olive
1 c. à soupe de jus de citron
poivre
tomates cerises

♥ *Bien rincer les pois chiches afin de réduire
la quantité de sel.*

Préparation : Dans un bol, mélanger les pois chiches bien
égouttés, le persil, le poivron, l'oignon, l'ail, l'huile d'olive, le jus de
citron et le poivre. Réserver au réfrigérateur pendant au moins
2 heures pour laisser les saveurs se mêler. Assaisonner. Ajouter du jus
de citron si désiré. Décorer de tomates cerises au moment de servir.

Vins coups de cœur :   Vin blanc, sauvignon du Chili
Vin rouge du Beaujolais

Salade de poulet à la coriandre fraîche

Pour 8 personnes

Ingrédients :

3 poitrines de poulet cuites et coupées
   en dés
4 branches de céleri hachées
1 oignon moyen, haché finement
25 g (1/2 tasse) de coriandre fraîche,
   hachée
1 poivron rouge ou autre, haché
   finement
100 g (1/2 tasse) d'abricots secs hachés
250 g (1 tasse) de yogourt sans matières
   grasses ou de mayonnaise légère
2 c. à soupe de jus de citron ou de
   vinaigre de fruits
poivre du moulin, au goût
feuilles de jeunes laitues (mesclun)

Préparation : Dans un grand bol, combiner les dés de poulet, le céleri, l'oignon, la coriandre, le poivron rouge et les abricots secs. Réserver. Dans un autre bol, fouetter le yogourt, le jus de citron (ou le vinaigre) avec le poivre. Déposer le mélange de poulet dans les assiettes sur les feuilles de laitue. Napper de la sauce et servir.

Vinaigrette à l'aigre-doux

Rendement : 2/3 de tasse

Ingrédients :

1 c. à thé de moutarde de Dijon
1 c. à thé de miel
125 ml (1/2 tasse) d'huile d'olive
2 c. à soupe de vinaigre d'estragon
  ou autre
2 c. à soupe de vin blanc sec
1 c. à thé de zeste de citron
1 gousse d'ail dégermée et hachée
  finement
sel♥ et poivre, au goût

♥ **Ne pas mettre de sel.**

♥ ♥ **Pour les grandes occasions.**

Préparation : Mélanger tous les ingrédients. Conserver dans un pot et réfrigérer.

Conseil : Peut servir de marinade.

Vinaigrette au citron

Rendement : 1/2 tasse

Ingrédients :

60 ml (1/4 de tasse) de jus de citron
  ou de limette
1 c. à soupe d'huile végétale
2 c. à soupe de miel
2 ou 3 pincées de cannelle
1 ou 2 pincées de paprika

Préparation : Mettre tous les ingrédients dans un pot. Fermer le couvercle et bien agiter. Servir 1 c. à soupe par portion.

Sauce à salade au tofu

Rendement : 1/2 tasse

Ingrédients :

125 g (4 oz) de tofu
75 ml (1/3 de tasse) de babeurre
2 c. à soupe de vinaigre de vin
   ou de fruits
1/2 c. à thé d'épices italiennes
   ou d'origan
1/4 de c. à thé de moutarde sèche
1 gousse d'ail dégermée et hachée
   finement
sel♥ et poivre, au goût
1/4 de c. à thé de graines de céleri

Préparation : Passer tous les ingrédients, sauf les graines de céleri, au mélangeur. Verser dans un pot et ajouter les graines de céleri. Couvrir et réfrigérer.

♥ *Ne pas mettre de sel.*

Vinaigrette à l'orange et aux fines herbes

Rendement : 2/3 de tasse

Ingrédients :

Préparation : Mélanger tous les ingrédients. Réserver au réfrigérateur.

1 c. à thé de zeste d'orange
2 c. à soupe de jus d'orange
1 gousse d'ail dégermée et hachée
   finement
60 ml (1/4 de tasse) d'huile d'olive
   ou autre
125 g (1/2 tasse) de yogourt faible
   en gras
2 c. à thé de romarin frais, haché
2 c. à thé de coriandre hachée
2 c. à thé de persil frais, haché

♥ ♥ *Pour les grandes occasions.*

Courge d'automne en folie

Pour 4 personnes

Ingrédients :

1 courge spaghetti

La sauce :
1 c. à soupe d'huile d'olive
1 oignon émincé
2 gousses d'ail dégermées et émincées
1 boîte (de 796 ml/28 oz) de tomates
15 à 20 champignons frais, tranchés
1 c. à thé d'origan séché
1 c. à thé de thym séché
poivre du moulin au goût

bouquets d'herbes fraîches, au goût

Préparation : Couper la courge spaghetti en deux et en retirer les graines. Recouvrir la courge d'un papier d'aluminium légèrement huilé et cuire au four à 180°C (350°F) de 30 à 45 minutes, ou recouvrir d'une pellicule plastique et cuire au micro-ondes à intensité maximale (100 %) de 15 à 20 minutes. **La sauce :** Chauffer l'huile d'olive dans une casserole, y faire revenir l'oignon et l'ail 3 minutes. Ajouter les tomates et porter à ébullition. Incorporer les champignons, l'origan, le thym et le poivre. Laisser mijoter à feu doux de 15 à 20 minutes. Passer au robot et réduire en purée.
Le dressage : À l'aide d'une fourchette, gratter l'intérieur de la courge afin de délier les filaments. Déposer dans des assiettes et napper de sauce aux tomates. Garnir d'un bouquet d'herbes fraîches et servir.

Pour 4 à 6 personnes

Ingrédients :

250 g (8 oz) de spaghettini
   ou de linguine
3 c. à soupe d'huile d'olive ou autre
1 petit oignon tranché
1 gousse d'ail dégermée et hachée
   finement
les têtes d'un brocoli sectionnées en
   bouquets (environ 2 tasses)
2 carottes moyennes coupées en
   julienne
1 petite courgette tranchée
10 à 12 champignons frais, tranchés
75 ml (1/3 de tasse) de vin blanc sec
15 g (1/4 de tasse) de persil frais, haché
1 c. à thé de basilic séché
poivre
2 c. à soupe de parmesan râpé

♥ *Ne pas accompagner de pain.*

Préparation : Cuire les pâtes *al dente*. Égoutter et réserver au chaud. Dans une grande poêle, chauffer l'huile à feu moyen. Ajouter l'oignon, l'ail, le brocoli et les carottes. Faire sauter 2 ou 3 minutes. Ajouter la courgette et les champignons ; faire sauter 1 ou 2 minutes. Incorporer le vin blanc, le persil, le basilic et le poivre ; cuire jusqu'à ce que la préparation soit chaude. Remuer délicatement avec les pâtes cuites. Saupoudrer de parmesan.

Vins coups de cœur : Vin rouge du Beaujolais
Vin rouge, merlot du Chili

Linguine à la tomate séchée et au basilic frais

Pour 6 personnes

Ingrédients :

500 g (1 lb) de linguine, spaghetti
  ou autres
50 g (1/2 tasse) de tomates séchées
3 ou 4 gousses d'ail, pelées, dégermées
  et légèrement écrasées
12 olives noires dénoyautées et coupées
  en lamelles♥ ♥
1 ou 2 pincées de piment broyé
  (facultatif)
2 c. à soupe d'huile d'olive
8 feuilles de basilic frais, ciselées
3 c. à soupe de persil italien ou frisé,
  haché
poivre et parmesan, au goût

♥ **Couper de moitié les olives (6).**

♥ **Ne pas mettre d'olives.**

Préparation : Cuire les pâtes selon les indications du fabricant. Réserver. Tailler les tomates séchées en lanières, à l'aide de ciseaux. Dans un bol, mélanger les tomates, l'ail, les olives et le piment broyé. Ajouter l'huile d'olive, le basilic et le persil. Incorporer aux pâtes chaudes dans une poêle antiadhésive. Réchauffer. Poivrer au goût. Saupoudrer de fromage et servir.

Vins coups de cœur : Vin blanc, sauvignon de Bordeaux
Vin rouge, Barbera d'Asti de Piémont

Pour 2 personnes

Ingrédients :

175 g (6 oz) de pâtes courtes au choix
1 carotte coupée en rondelles
10 à 15 haricots verts coupés
  en tronçons
2 c. à soupe d'huile de canola
1 courgette coupée en rondelles
125 ml (1/2 tasse) de sauce tomate
  du commerce♥
1 ou 2 pincées d'origan
poivre au goût

♥ *Remplacer par du coulis de tomates
  (voir recette).*

♥ *Ne pas accompagner de pain.*

Préparation : Cuire les pâtes selon les indications du fabricant. Égoutter et réserver. Faire cuire la carotte et les haricots à l'eau bouillante. Égoutter et réserver. Chauffer l'huile de canola et faire cuire la courgette pendant environ 4 minutes. Ajouter la carotte et les haricots. Incorporer les pâtes et verser la sauce tomate dessus. Saupoudrer d'origan et de poivre. Laisser mijoter pendant 2 ou 3 minutes à feu vif. Servir immédiatement.

Conseil : Cette recette convient parfaitement aux jours où l'on dispose de peu de temps pour préparer le repas.

Vins coups de cœur : Niersteiner blanc d'Allemagne
Muscat blanc du Languedoc-Roussillon

Tagliatelles aux fleurons de brocoli

    Ingrédients et préparation au verso

Tagliatelles aux fleurons de brocoli

Pour 2 personnes

Ingrédients :

6 à 8 gros bouquets de brocoli
175 g (6 oz) de tagliatelles
2 c. à thé d'huile de maïs
1/2 ou 1 gousse d'ail hachée finement
poivre au goût
250 ml (1 tasse) de béchamel
   (voir recette ci-dessous)
2 c. à soupe de parmesan râpé

Préparation : Laver les bouquets de brocoli. Cuire à la marguerite ou à l'eau bouillante, en veillant à ce qu'ils restent fermes. Égoutter et conserver l'eau pour cuire les pâtes pendant 8 à 10 minutes ; ajouter de l'eau au besoin. Réserver. Chauffer l'huile de maïs avec l'ail à feu très doux. Ajouter le brocoli, puis les pâtes et le poivre. Verser peu à peu la béchamel sur les pâtes. Bien mélanger à l'aide de deux fourchettes. Dresser dans des assiettes creuses, bien chaudes. Saupoudrer de parmesan. Servir immédiatement.

Vins coups de cœur : Vin blanc, chardonnay de Californie
Vin blanc des Côtes-du-Rhône, France

♥ **Se limiter à 1/2 portion et ne pas accompagner de pain.**

Sauce béchamel (sauce blanche)

Rendement : environ 500 ml (2 tasses)

Ingrédients :

2 c. à soupe de margarine
   non hydrogénée
2 c. à soupe de farine tamisée
500 ml (2 tasses) de lait chaud
1 oignon
2 ou 3 clous de girofle
1 pincée de sel♥
poivre blanc au goût
1 pincée de muscade

Préparation : Faire un roux blanc avec la margarine et la farine. À feu doux, ajouter le lait petit à petit, en remuant constamment à la cuillère de bois, jusqu'à obtention d'une consistance crémeuse. Piquer l'oignon avec les clous de girofle, ajouter à la préparation et cuire pendant 20 minutes à feu doux. Retirer l'oignon. Assaisonner de sel, de poivre et de muscade. Passer la sauce dans une passoire fine.

Conseils : Pour éviter la formation d'une peau, recouvrez la béchamel d'un papier ciré graissé. Vous pouvez réutiliser l'oignon dans d'autres préparations culinaires.

♥ **Ne pas mettre de sel.**

Pour 4 personnes

Ingrédients :

350 g (12 oz) de penne
24 asperges fraîches ou en conserve
6 à 8 pleurotes moyens
2 c. à soupe d'huile de canola
250 ml (1 tasse) ou plus de sauce aux
   tomates ou de coulis de tomates
   (voir recettes)
3 ou 4 c. à soupe de parmesan râpé
poivre au goût

♥ **Ne pas accompagner de pain.**

Préparation : Cuire les penne à l'eau bouillante. Réserver. Tailler de biais les asperges, de la longueur des penne. Laver les pleurotes, les égoutter et les couper en lanières. Réserver. Cuire les asperges fraîches à la marguerite ou à l'eau bouillante. Bien égoutter. Réserver. Faire revenir les pleurotes dans un peu d'huile de canola. Ajouter les asperges, puis les penne cuites. Assaisonner. Verser la sauce aux tomates ou le coulis. Mélanger délicatement. Servir dans des assiettes creuses chaudes et parsemer de parmesan râpé.

Conseil : Si l'on utilise des asperges fraîches, il faudra les laver. Certains les éplucheront à l'aide d'un économe en tenant la pointe entre le pouce et l'index.

Vins coups de cœur : Santenay, Bourgogne rouge
Vin blanc, sylvaner d'Alsace

Pour 3 ou 4 personnes

Ingrédients :

350 g (12 oz) de fusilli
2 c. à soupe d'huile de canola
1 gousse d'ail dégermée et hachée
   finement
1/2 oignon moyen haché
400 g (2 tasses) de tomates étuvées
   concassées
basilic au goût
poivre au goût

Préparation : Cuire les pâtes à l'eau bouillante de 8 à 10 minutes, égoutter et réserver. Dans une petite casserole, faire blondir légèrement l'ail et l'oignon dans l'huile de canola. Ajouter les tomates et le basilic. Assaisonner. Couvrir et cuire à feu moyen pendant environ 6 à 8 minutes. Ajouter les pâtes à la sauce et mélanger soigneusement. Servir immédiatement.

Conseil : Vous pouvez décorer les assiettes de quelques feuilles de basilic frais.

Vins coups de cœur : Chiroubles, Beaujolais
Vin blanc, riesling d'Alsace

Julien Letellier

Pâtes longues aux courgettes et aux deux fromages

Pour 4 personnes

Ingrédients :

350 g (12 oz) de spaghetti, tagliatelles
   ou trinettes
2 c. à soupe d'huile
2 gousses d'ail dégermées et coupées
   en deux
2 ou 3 courgettes moyennes coupées
   en rondelles
2 c. à soupe de ricotta
2 c. à soupe de parmesan ou
   de pecorino
poivre au goût

♥ **Ne pas accompagner de pain.**

Préparation : Cuire les pâtes en suivant les indications du fabricant. Chauffer l'huile avec l'ail sans le colorer. Retirer l'ail et faire revenir les courgettes de 4 à 6 minutes. Assaisonner. Retirer les courgettes et égoutter. Réchauffer les pâtes dans la même poêle. Ajouter les fromages et les courgettes. Poivrer au goût et servir immédiatement.

Conseil : Les rondelles de courgette doivent conserver leur couleur pâle.

Vins coups de cœur : Vin rouge, merlot du Chili
Vin blanc, pouilly-fuissé

Pour 4 personnes

Ingrédients :

350 g (12 oz) de pâtes au choix
2 c. à soupe d'huile
1/2 ou 1 gousse d'ail dégermée et
    hachée finement
1 oignon moyen émincé
1 ou 2 courgettes en rondelles minces
1/2 aubergine, pelée ou non, coupée
    en dés
200 à 300 g (1 ou 1 1/2 tasse) de
    tomates en conserve, hachées
2 à 4 c. à soupe de parmesan râpé
2 ou 3 pincées de basilic
poivre au goût
250 ml (1 tasse) environ de sauce
    aux tomates fraîches (voir recette) ou
    de sauce tomate du commerce

♥ *Ne pas accompagner de pain.*

Préparation : Cuire les pâtes en suivant les indications du fabricant. Réserver. Faire chauffer la moitié de l'huile avec l'ail sans le colorer. Ajouter l'oignon, les courgettes et l'aubergine. Faire cuire pendant 3 ou 4 minutes à feu moyen. Ajouter les tomates, remuer et assaisonner. Saupoudrer de parmesan et de basilic. Laisser réduire de 2 à 4 minutes ou plus. Réserver. Réchauffer les pâtes dans une autre poêle avec le reste de l'huile. Assaisonner. Dresser les pâtes sur des assiettes chaudes. Couvrir de la sauce chaude. Servir immédiatement.

Vins coups de cœur : Vin rouge, Côtes-du-Rhône
                        Vin rouge, Chianti classico, Italie

Pasta verde à la crème de carottes

Pour 2 personnes

Ingrédients :

175 g (6 oz) de fettucine aux épinards
2 carottes moyennes
1/2 gousse d'ail hachée finement
2 c. à thé de persil frais, haché
poivre au goût
375 ml (1 1/2 tasse) environ de
    béchamel (voir recette)
1 c. à soupe d'huile de tournesol
1 ou 2 pincées d'origan
poivre

♥ **Ne pas accompagner de pain.**

Préparation : Cuire les pâtes selon les indications du fabricant. Égoutter et réserver. Éplucher et couper les carottes en rondelles. Cuire à la marguerite jusqu'à ce que les carottes soient suffisamment tendres pour être réduites en purée. À l'aide du robot culinaire, réduire en purée. Ajouter l'ail, le persil et le poivre. Incorporer la béchamel pour obtenir une texture crémeuse. Réserver. Faire chauffer l'huile de tournesol et y faire sauter les pâtes. Relever avec l'origan. Ajouter la crème de carottes et bien mélanger. Servir dans des assiettes creuses.

Conseils : Si la sauce est trop consistante, ajoutez un peu de bouillon de poulet sans sel. Vous pouvez parsemer de parmesan râpé si vous le désirez.

Vins coups de cœur : Vin blanc, Frascati, Italie
Vin rouge, Saumur, Val de Loire

Pour 4 personnes

Ingrédients :

2 c. à soupe d'huile de maïs
1 gousse d'ail dégermée et hachée
  finement
1 aubergine moyenne, non pelée,
  coupée en petits dés
300 g (1 1/2 tasse) de tomates
  étuvées♥, hachées
2 ou 3 pincées d'origan
2 ou 3 pincées de basilic
3 c. à soupe de ricotta ou de parmesan
  râpé
poivre au goût
350 g (12 oz) de macaroni

♥ **Utiliser des tomates fraîches.**

♥ **Ne pas accompagner de pain.**

Préparation : Faire revenir légèrement l'ail et l'aubergine dans l'huile de maïs pendant 3 ou 4 minutes. Ajouter les tomates et cuire à feu vif pendant encore 3 ou 4 minutes. Verser un peu plus d'huile au besoin. Ajouter l'origan et le basilic. Incorporer le fromage et remuer. Poivrer. Réserver au chaud. Cuire les pâtes en les plongeant dans l'eau bouillante pendant 8 à 10 minutes. Égoutter. Ajouter à la sauce et mélanger soigneusement. Servir chaud avec un peu de parmesan râpé.

Conseil : Quelle différence de goût avec des tomates fraîches !

Vins coups de cœur : Chardonnay du Chili
                      Chianti classico, Toscane, Italie

Macaroni marinara

Pour 6 personnes

Ingrédients :

500 g (1 lb 2 oz) de tortiglioni
   ou autres pâtes au goût
2 c. à thé d'huile de maïs
2 gousses d'ail dégermées et écrasées
2 branches de céleri hachées finement
1 oignon moyen, haché finement
1/2 poivron coupé en dés
12 olives noires dénoyautées et
   coupées en deux♥ ♥
550 g (2 3/4 tasses) de tomates
   étuvées♥ hachées
180 ml (3/4 de tasse) de sauce béchamel
   (voir recette)
poivre au goût
2 ou 3 pincées de basilic frais, ciselé
2 pincées de muscade
5 ou 6 c. à soupe de parmesan râpé

♥ **Ne pas mettre d'olives et utiliser
   des tomates fraîches.**

♥ **Réduire les olives de moitié (6) et ne pas
   mettre de sel.**

♥ **Ne pas accompagner de pain.**

Préparation : Cuire les pâtes en suivant les indications du fabricant. Égoutter et réserver. Faire revenir l'ail, le céleri, l'oignon et le poivron dans l'huile de maïs 3 ou 4 minutes à feu vif. Laisser mijoter à feu moyen pendant 10 à 15 minutes. Incorporer les olives noires et les tomates. Verser la béchamel et bien remuer. Ajouter les pâtes et mélanger. Assaisonner de poivre et relever avec le basilic et la muscade. Servir chaud avec le parmesan râpé.

Conseil : Vous pouvez remplacer la béchamel par du fromage ricotta ou cottage.

Vins coups de cœur : Vin blanc, muscadet
                          Vin rouge, Côtes-du-Rhône

Penne aux poivrons doux

Pour 4 personnes

Ingrédients :

350 g (12 oz) de penne
2 poivrons rouges
1 ou 2 c. à soupe d'huile de maïs
40 g (1/4 de tasse) de parmesan râpé
1 pincée de sel♥
poivre au goût

♥ *Ne pas mettre de sel.*

♥ *Ne pas accompagner de pain.*

Préparation : Cuire les pâtes en suivant les indications du fabricant. Égoutter et réserver. Laver, nettoyer et épépiner les poivrons. Les tailler en fines lanières de 8 mm (1/4 de po) environ. Faire chauffer l'huile de maïs. Sauter les poivrons et cuire pendant environ 6 à 8 minutes à feu doux. Saupoudrer de parmesan et assaisonner. Verser les pâtes et bien mélanger. Servir immédiatement.

Conseil : La présentation de ce plat gagnerait en beauté si l'on employait des poivrons aux couleurs variées. Il est préférable d'éplucher les poivrons. Voici comment : couper en deux dans le sens de la longueur ; passer sous la flamme ou au four à *broil* et peler immédiatement. Si nécessaire, plonger dans l'eau bouillante pour en ôter la peau plus aisément. Les poivrons doivent rester un peu croquants après la cuisson.

Vins coups de cœur : Vin blanc, muscadet
Vin rouge, merlot du Languedoc-Roussillon

Julien Letellier

Linguine à l'émincé d'oignons

Pour 4 personnes

Ingrédients :

1 ou 2 c. à soupe d'huile
2 oignons émincés
1 gousse d'ail dégermée et hachée
   finement
310 à 375 ml (1 1/4 à 1 1/2 tasse) de
   fond brun (voir recette)
poivre au goût
350 g (12 oz) de linguine
40 g (1/4 de tasse) de parmesan râpé
persil frais, haché, au goût

♥ **Ne pas accompagner de pain.**

Préparation : Dans une poêle antiadhésive, chauffer l'huile et cuire les oignons à feu doux jusqu'à ce qu'ils soient attendris. Parfumer d'ail. Ajouter le fond brun et assaisonner de poivre. Laisser réduire. Faire cuire les pâtes à l'eau bouillante pendant 8 à 10 minutes. Égoutter. Ajouter les pâtes à la sauce. Remuer à l'aide de deux fourchettes. Dresser dans des assiettes creuses. Saupoudrer de parmesan et garnir de persil. Servir immédiatement.

Conseil : On pourrait remplacer l'oignon par du poireau.

Vins coups de cœur : Vin blanc de Bordeaux
                               Vin rouge du Beaujolais

Lasagnes à l'aubergine

Pour 6 personnes

Ingrédients :

75 ml (1/3 de tasse) d'huile
1 poivron émincé
2 gousses d'ail dégermées et écrasées
330 g (1 2/3 tasse) de tomates étuvées♥ hachées
1 aubergine non pelée, coupée en dés
10 olives noires dénoyautées♥ ♥
poivre au goût
bouillon de poulet (facultatif)
500 g (1 lb) de lasagnes fraîches
2 c. à soupe de persil frais, haché

♥ **Ne pas mettre d'olives et utiliser des tomates fraîches.**

♥ **Réduire les olives de moitié (5).**

♥ **Se limiter à une petite portion et ne pas accompagner de pain.**

Préparation : Faire chauffer l'huile. Y faire revenir le poivron et l'ail pendant 3 ou 4 minutes. Ajouter les tomates et les dés d'aubergine. Laisser mijoter pendant 8 à 10 minutes à feu moyen. Incorporer les olives. Assaisonner. Ajouter un peu de bouillon de poulet si la consistance est trop épaisse. Faire cuire les pâtes à l'eau bouillante pendant environ 8 à 10 minutes. Bien égoutter. Dresser les pâtes chaudes dans les assiettes et verser la sauce. Garnir de persil et d'olives noires. Servir immédiatement.

Conseil : On peut faire gratiner ce plat avec de la mozzarella, du romano ou du parmesan faibles en m.g.

Vins coups de cœur : Vin blanc de Penedès, Espagne
Vin rouge, malbec de l'Argentine

Julien Letellier

Gratin de macaroni à la tomate et à la ricotta

    Ingrédients et préparation au verso

Julien Letellier

Préparation : Faire cuire les macaroni en suivant les indications du fabricant. Égoutter et réserver. Chauffer l'huile et y faire suer l'oignon haché. Saupoudrer de farine et bien remuer à feu moyen. Ajouter peu à peu le lait et remuer jusqu'à l'obtention d'une sauce. Incorporer la ricotta. Assaisonner de poivre et de muscade. Mélanger les macaroni et la sauce. Dresser dans un plat allant au four. Répartir les tomates sur les pâtes. Couvrir de mozzarella râpée. Placer au four à 180°C (350°F) pendant 5 à 8 minutes. Terminer la cuisson au four à *broil* pour faire gratiner. Servir dans le plat de cuisson.

Conseils : Si le service doit attendre, laissez le mets dans le four éteint pour le tenir au chaud. Avant de placer le plat au four, vous pouvez saupoudrer de la chapelure fine sur le fromage râpé. Assurez-vous que les macaroni ne soient pas trop cuits au début de la recette puisqu'ils doivent subir une seconde cuisson au four.

Vins coups de cœur : Vin blanc, Soave, Italie
Vin rouge, Douro, Portugal

Pour 2 personnes

Ingrédients :

175 g (6 oz) de macaroni
1 c. à soupe d'huile
1/2 oignon haché
1 ou 2 c. à soupe de farine
500 ml (2 tasses) environ de lait
2 c. à soupe de ricotta
poivre au goût
1 pincée de muscade
2 à 4 tomates étuvées♥ hachées
*40 g (1/4 de tasse) de mozzarella
    partiellement écrémée, râpée*

♥ **Utiliser des tomates fraîches.**

♥ **Ne pas accompagner de pain.**

Penne à la dernière minute

Pour 3 personnes

Ingrédients :

250 g (8 oz) de penne
1/2 oignon émincé
2 c. à soupe d'huile
300 g (1 1/2 tasse) de tomates étuvées♥
   hachées
poivre au goût
1 pincée de basilic
1 pincée d'origan
3 ou 4 c. à soupe de parmesan ou
   de pecorino râpé
90 g (3 oz) de mozzarella partiellement
   écrémée, en tranches fines

♥ **Pour les grandes occasions.**

♥ **Utiliser des tomates fraîches.**

♥ **Ne pas accompagner de pain.**

Préparation : Faire cuire les pâtes en suivant les indications du fabricant. Égoutter et réserver. Faire revenir doucement l'oignon émincé dans l'huile. Ajouter les tomates et cuire pendant 8 à 10 minutes. Assaisonner de poivre et saupoudrer de basilic et d'origan. Incorporer le parmesan ou le pecorino. Couvrir et continuer la cuisson pendant 2 à 4 minutes. Ajouter les pâtes et bien mélanger. Dresser dans un plat allant au four et couvrir de mozzarella. Chauffer au four à 180°C (350°F) pendant 4 minutes. Servir immédiatement.

Conseil : On peut ajouter des champignons émincés à la préparation.

Pour 4 personnes

Ingrédients :

250 g (8 oz) d'épinards frais
1 c. à soupe d'huile de maïs
2 quartiers de citron
250 à 375 ml (1 à 1 1/2 tasse) de sauce
    béchamel (voir recette)
poivre au goût
350 g (12 oz) de fettucine

♥ *Se limiter à 1/2 portion et ne pas
   accompagner de pain.*

Préparation : Laver et éponger les épinards. Les hacher grossièrement. Faire chauffer l'huile de maïs dans une poêle à feu moyen. Ajouter les épinards et cuire à couvert, jusqu'à ce qu'ils soient attendris. Citronner. Verser la sauce béchamel. Poivrer. Laisser épaissir à feu modéré. Cuire les pâtes à l'eau bouillante pendant 8 à 10 minutes environ. Égoutter. Déposer les pâtes dans un plat de service chaud. Napper de sauce. Servir immédiatement.

Conseil : Ajoutez du fromage à la sauce pour lui donner du corps. Ne dépassez pas 10 g de fromage à teneur réduite en matières grasses par portion.

Fusilli aux champignons

Pour 4 personnes

Ingrédients :

350 g (12 oz) de fusilli
1 c. à soupe d'huile
1/2 oignon haché
8 à 12 champignons frais, émincés
375 à 500 ml (1 1/2 à 2 tasses) de sauce
  aux tomates (voir recette)
2 c. à soupe de ricotta ou de fromage
  cottage
poivre au goût
1/2 c. à thé de basilic frais ou moulu
3 ou 4 c. à soupe de parmesan râpé

♥ *Ne pas accompagner de pain.*

Préparation : Faire cuire les pâtes en suivant les indications du fabricant. Égoutter et réserver. Dans une poêle antiadhésive, chauffer l'huile et y faire revenir l'oignon haché. Ajouter les champignons, lavés et épongés au préalable. Incorporer la sauce aux tomates peu à peu et bien remuer. Ajouter la ricotta ou le fromage cottage. Assaisonner de poivre et parfumer de basilic. Laisser réduire quelque peu. Couvrir de sauce le fond d'un plat allant au four. Ajouter les pâtes et recouvrir de sauce. Garnir de parmesan râpé. Cuire pendant 4 à 6 minutes au four à 160°C (325°F). Terminer la cuisson en faisant gratiner dans le haut du four à *broil*. Servir immédiatement.

Conseils : Avant d'ajouter la sauce tomate aux champignons, vous pouvez déglacer avec un vin rouge ou blanc sec. Si désiré, saupoudrez de chapelure fine avant de faire gratiner le plat.

Vins coups de cœur : Vin blanc de Sancerre
Vin rouge, pinot noir de la Bourgogne

Julien Letellier

Pour 4 à 6 personnes

Ingrédients :

80 g (1/2 tasse) de raisins de Corinthe
60 ml (1/4 de tasse) de brandy
    ou de cognac
3 l (12 tasses) de bouillon de volaille
    (voir recette)
2 carottes moyennes coupées en dés
1 petit navet (rutabaga) coupé en dés
2 petites courgettes coupées en dés
1 poivron vert émincé
1 poivron rouge émincé
350 à 500 g (12 à 18 oz) de coquillettes
80 g (1/2 tasse) de pois chiches
    en conserve
250 ml (1 tasse) de jus de tomate♥
poivre de Cayenne au goût
harissa au goût
2 pincées d'origan
1 ou 2 c. à soupe d'huile d'olive

♥ **Remplacer le jus de tomate par 1/2 tasse**
    de pâte de tomates et 1/2 tasse d'eau.

Préparation : Faire macérer les raisins dans l'alcool pendant quelques heures. Dans une grande casserole, amener le bouillon à ébullition. Ajouter les carottes, le navet, les courgettes, le poivron vert et le poivron rouge. Après cuisson (environ 10 à 15 minutes), retirer les légumes à l'écumoire. Réserver au chaud. Cuire les pâtes dans le bouillon de 8 à 10 minutes. Bien égoutter et réserver le bouillon. Dresser les pâtes dans un plat de service. Garnir avec les légumes cuits, les raisins et les pois chiches. Réserver. Dans une casserole, faire chauffer 500 ml (2 tasses) de bouillon avec le jus de tomate. Assaisonner de poivre de Cayenne et relever avec la harissa. Parfumer d'origan. Faire réduire quelque peu. Ajouter un peu d'huile d'olive, si désiré. Verser la sauce sur les coquillettes et servir.

Vins coups de cœur : Vin blanc, sauvignon du Chili
                          Cabernet du Frioul, Italie

Julien Letellier

Coquilles aux cœurs d'artichauts

Pour 2 ou 3 personnes

Ingrédients :

200 g (7 oz) de coquilles
2 c. à. soupe d'huile
2 gousses d'ail dégermées et hachées
    finement
6 à 8 champignons de Paris émincés
4 ou 5 cœurs d'artichauts en conserve
60 ml (1/4 de tasse) de coulis de
    tomates (voir recette)
2 c. à soupe de persil frais, haché
poivre au goût
4 à 6 olives noires, dénoyautées
    et hachées

♥ **Pour les grandes occasions.**

♥ **Ne pas accompagner de pain.**

Préparation : Cuire les coquilles à l'eau bouillante pendant 8 à 10 minutes. Égoutter et réserver. Chauffer l'huile avec l'ail. Y faire revenir les champignons, puis les cœurs d'artichauts coupés en quatre, pendant 4 à 8 minutes. Incorporer le coulis et le persil. Assaisonner de poivre. Ajouter les pâtes et les olives. Bien mélanger. Servir immédiatement.

Conseils : Si vous optez pour des cœurs d'artichauts frais, le résultat sera excellent. Vous pouvez aussi changer les champignons de Paris pour des pleurotes.

Vins coups de cœur : Vin blanc de la Sardaigne, Italie
                              Vin rouge des Abruzzes, Italie

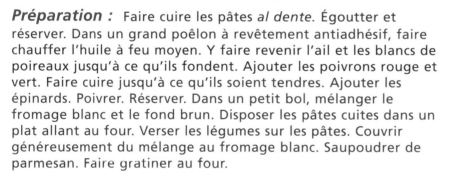

Pour 4 personnes

Ingrédients :

350 g de pâtes au choix
1 c. à soupe d'huile d'olive
2 gousses d'ail dégermées et hachées
   finement
2 blancs de poireaux effilochés
1 poivron rouge coupé en julienne
1 poivron vert coupé en julienne
1 paquet (280 g) d'épinards, équeutés,
   rincés, déchiquetés
1/2 c. à thé de poivre
100 g (3 1/2 oz) de fromage blanc épais
125 ml (1/2 tasse) de fond brun
   (voir recette)
2 c. à soupe de parmesan râpé

♥ **Ne pas accompagner de pain.**

Préparation : Faire cuire les pâtes *al dente*. Égoutter et réserver. Dans un grand poêlon à revêtement antiadhésif, faire chauffer l'huile à feu moyen. Y faire revenir l'ail et les blancs de poireaux jusqu'à ce qu'ils fondent. Ajouter les poivrons rouge et vert. Faire cuire jusqu'à ce qu'ils soient tendres. Ajouter les épinards. Poivrer. Réserver. Dans un petit bol, mélanger le fromage blanc et le fond brun. Disposer les pâtes cuites dans un plat allant au four. Verser les légumes sur les pâtes. Couvrir généreusement du mélange au fromage blanc. Saupoudrer de parmesan. Faire gratiner au four.

Coulis de tomates

Pour 12 personnes

Ingrédients :

600 g (1 lb 5 oz) de tomates fraîches
   ou étuvées
1 c. à soupe d'huile
1 échalote française hachée finement
1 c. à soupe de pâte de tomates sans sel
2 gousses d'ail entières, pelées
1 pincée de sucre
poivre au goût

Le bouquet garni :
1 feuille de laurier
2 branches de thym
2 branches de persil

Préparation : Hacher grossièrement les tomates. Chauffer une casserole avec l'huile. Faire blondir l'échalote dans la casserole. Ajouter la pâte de tomates. Remuer. Ajouter ensuite les tomates hachées, l'ail, le sucre, le poivre et le bouquet garni. Porter à ébullition. Cuire à demi couvert pendant 30 minutes environ à feu moyen. Retirer le bouquet garni et l'ail. Passer au moulin à légumes ou au mélangeur.

Conseil : Si la consistance est trop liquide, faites réduire le coulis sur le feu. Le coulis de tomates peut être servi chaud ou froid. Il se conserve un bon deux semaines au réfrigérateur.

Sauce aux tomates fraîches

Pour 4 à 6 personnes

Ingrédients :

1 kg (2 lb 3 oz) de tomates fraîches
1 oignon haché finement
1 carotte hachée finement
1 branche de céleri hachée finement
1/2 c. à thé de sucre
poivre au goût
2 c. à thé de basilic ou de persil frais

Préparation : Plonger les tomates dans l'eau bouillante, juste un instant, pour qu'elles soient plus faciles à peler. Retirer la peau et laisser la chair refroidir. Couper en gros morceaux. Mettre dans une casserole les tomates, l'oignon, la carotte, le céleri, le sucre et le poivre. Faire mijoter pendant 20 à 30 minutes (les tomates doivent former une purée). Passer la sauce au tamis fin ou au mélangeur. Ajouter le basilic ou le persil frais.

Conseils : Faites cette recette de sauce aux tomates fraîches uniquement durant la saison des tomates. Pour obtenir une sauce plus épaisse, amenez-la à ébullition et laissez-la réduire jusqu'à la consistance désirée. Elle se conserve un bon deux semaines au réfrigérateur.

Pizza à la ratatouille

Pour 4 personnes

Ingrédients :

10 à 12 champignons
1 petite aubergine
1 oignon
1 courgette
2 c. à soupe d'huile d'olive
2 gousses d'ail dégermées et hachées
   finement
2 tomates hachées
1/2 c. à thé d'origan séché
1/2 c. à thé de thym séché
1/2 c. à thé de poivre
1 croûte à pizza de blé entier précuite
150 g (1 tasse) de mozzarella faible
   en m.g. râpée

♥ ♥ ♥ **Pour les grandes occasions.**

Préparation : Préchauffer le four à 180°C (350°F). Émincer les champignons, l'aubergine, l'oignon et la courgette. Faire chauffer l'huile d'olive dans un grand poêlon à revêtement antiadhésif, à feu moyen. Y faire cuire l'aubergine, l'oignon, la courgette et l'ail jusqu'à ce qu'ils aient légèrement ramolli. Ajouter les tomates, les champignons, les fines herbes et le poivre ; laisser mijoter 5 minutes. Répartir la préparation sur la croûte à pizza. Couvrir avec la mozzarella râpée et faire cuire au four de 15 à 20 minutes ou jusqu'à ce que le fromage fonde.

Julien Letellier

FRIULANO
LÉGER 11% m.g.

Fromage doux à saveur de noisette, on le sert à la fin des repas, dans les «Vins et fromages», au goûter et en sandwich. Un pur délice avec des fruits et des craquelins!

RICOTTA
LÉGER 5% m.g.

Fabriquée de lait entier à 100%, elle se démarque de toutes les autres ricottas du commerce fabriquées de lactosérum. Excellente source de calcium - une demi-tasse en contient 345 mg. On l'utilise dans la préparation des pâtes et des desserts à l'italienne.

FETA
LÉGER 13% m.g.

Fromage robuste en bouche, les Grecs le servent avec des plats les plus variés. Savourez-le sur le pouce ou dans des salades de pâtes, de légumes ou de légumineuses.

MOZZARELLA
PARTIELLEMENT ÉCRÉMÉE 15% m.g.

Fromage de cuisson par excellence, il est d'une grande polyvalence. Idéal pour la pizza, lasagne et autres spécialités italiennes, dans les salades et les sandwiches, et nature au petit-déjeuner ou en collation.

PROVOLONE
LÉGER 15% m.g.

Le plus typique des fromages à pâte filée, le provolone est un fromage de table délicieux avec des fruits et est l'accompagnement idéal d'un antipasto. Excellent aussi pour les sandwiches de toutes sortes chauds et froids.

Une cuisine qui nous tient à coeur!

Pour une vraie cuisine italienne

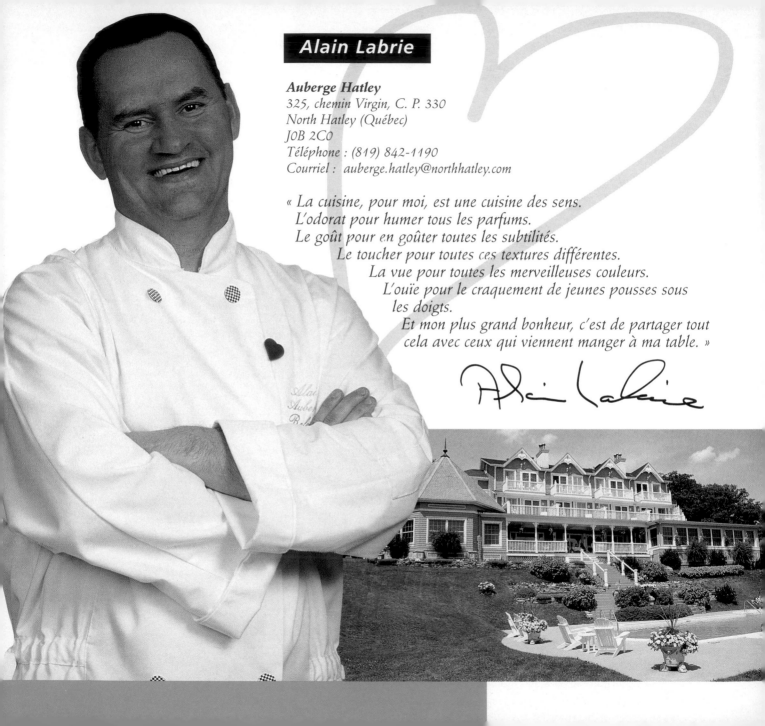

Alain Labrie

Auberge Hatley
325, chemin Virgin, C. P. 330
North Hatley (Québec)
J0B 2C0
Téléphone : (819) 842-1190
Courriel : auberge.hatley@northhatley.com

« *La cuisine, pour moi, est une cuisine des sens.
L'odorat pour humer tous les parfums.
Le goût pour en goûter toutes les subtilités.
Le toucher pour toutes ces textures différentes.
La vue pour toutes les merveilleuses couleurs.
L'ouïe pour le craquement de jeunes pousses sous
les doigts.
Et mon plus grand bonheur, c'est de partager tout
cela avec ceux qui viennent manger à ma table.* »

Pour 8 personnes

Ingrédients :

2 citrons
1 gros oignon
1 poireau
5 courgettes
2 l (8 tasses) de fond blanc de volaille
  (voir recette)
3 pommes de terre
180 ml (3/4 de tasse) de lait 1 %
  (facultatif)
4 c. à soupe de ciboulette ciselée
sel ♥, poivre
le jus d'un citron

♥ *Ne pas mettre de sel.*

Préparation : Prélever le zeste des 2 citrons. Dans une petite casserole, mettre les citrons et les couvrir d'eau froide. Amener à ébullition, rafraîchir et recommencer l'opération deux fois. Réserver. Dans un grand faitout, faire suer l'oignon, le poireau, les courgettes et le zeste des citrons. Ajouter le fond blanc de volaille, les pommes de terre et les citrons blanchis. Cuire de 30 à 40 minutes puis passer au mélangeur (avec le zeste des citrons). Remettre le potage sur le feu et ajouter le lait. Mettre le potage au réfrigérateur jusqu'à ce qu'il soit complètement refroidi. Ajouter la ciboulette, assaisonner et ajouter le jus d'un citron.

Alain Labrie

Potage froid de poivrons jaunes au basilic

Pour 8 personnes

Ingrédients :

1 gros oignon
1 poireau
6 poivrons jaunes épépinés et coupés
  en morceaux
4 gousses d'ail dégermées et hachées
1 paquet de basilic frais, haché
2 l (8 tasses) de fond blanc de volaille
  (voir recette)
125 g (1/2 tasse) de yogourt nature
sel ♥, poivre
feuilles de basilic pour la garniture

♥ *Ne pas mettre de sel.*

Préparation : Faire suer l'oignon, le poireau, les poivrons, l'ail et le basilic. Ajouter le fond blanc de volaille. Cuire environ 20 minutes à découvert et passer au mélangeur. Refroidir le potage. Ajouter le yogourt nature et vérifier l'assaisonnement. Garnir de basilic ciselé.

Pour 8 personnes

Ingrédients :

Le velouté :
2 citrons
12 pommes Golden épluchées et
  coupées en morceaux
1 gros oignon
1 poireau coupé grossièrement
3 c. à soupe de poudre de curry
2 l (8 tasses) de fond blanc de volaille
  (voir recette)
2 pommes de terre
le jus d'un citron
sel ♥, poivre

La garniture :
quelques dés de pomme
1 homard cuit, décortiqué et coupé
  en dés
5 c. à soupe de coriandre fraîche,
  hachée

♥ *Ne pas mettre de sel.*

Préparation : **Le velouté :** Prélever le zeste des 2 citrons. Dans une petite casserole, mettre les citrons et les couvrir d'eau froide. Amener à ébullition, rafraîchir et recommencer l'opération deux fois. Dans un grand faitout, faire suer les pommes, l'oignon, le poireau et le zeste des citrons. Ajouter le curry et bien faire revenir. Ajouter le fond blanc de volaille et les pommes de terre. Cuire de 30 à 40 minutes et passer au mélangeur. Ajouter le jus de citron et assaisonner. **La garniture :** Faire suer quelques dés de pommes et les dés de homard. Assaisonner d'une pincée de curry et de coriandre fraîche. Ajouter cette garniture dans le potage avant de servir.

Alain Labrie

Velouté de légumes du jardin au thym frais

    Ingrédients et préparation au verso

Pour 8 personnes

Ingrédients :

1 gros oignon
1 poireau
1 poivron rouge
1 poivron jaune
12 champignons
2 courgettes
2 carottes
2 tomates
1 paquet de thym frais haché
2 l (8 tasses) de fond blanc de volaille
   (voir recette)
2 pommes de terre épluchées

Préparation : Hacher tous les légumes en gros morceaux. Dans une grande casserole, faire suer tous les légumes, sauf les pommes de terre, avec le thym, à couvert, environ 10 minutes à feu doux. Mélanger les légumes au bouillon de volaille et ajouter les pommes de terre. Laisser mijoter 30 à 40 minutes. Servir avec un pistou de thym.

Pistou de thym

Rendement : 500 ml (2 tasses)

Ingrédients :

1 botte de thym
60 g (1/2 tasse) de pignons (noix de pin)
50 g (1/3 de tasse) de parmesan râpé
3 gousses d'ail dégermées et hachées
180 ml (3/4 de tasse) d'huile d'olive

 Ne pas dépasser 1 c. à soupe par portion.

Préparation : Passer tous les ingrédients au mélangeur. Conserver au réfrigérateur.

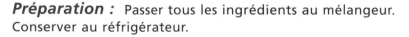

Alain Labrie

Gaspacho de tomates jaunes au cumin

Pour 6 personnes

Ingrédients :

La soupe :
3 grosses tomates jaunes
1/2 poivron jaune
1/2 concombre anglais
1/2 petit oignon rouge
1 petite branche de céleri
1 gousse d'ail dégermée et hachée
le jus de 1/2 citron
2 c. à soupe d'huile d'olive extra vierge
1 c. à thé de cumin
1/2 c. à thé de sel♥
tabasco

La garniture :
1/2 petit oignon rouge
1/2 poivron rouge
1/4 de concombre
1 c. à thé de basilic frais, ciselé
1 c. à thé de coriandre fraîche, ciselée
quelques gouttes de jus de citron
sel de mer♥ et poivre du moulin

♥ Ne pas mettre de sel.

Préparation : La soupe : Mettre tous les légumes au mélangeur et réduire en purée. Ajouter le jus de citron et l'huile d'olive en filet. Ajouter le cumin et assaisonner de sel et de tabasco au goût. Refroidir au réfrigérateur. **La garniture :** Couper les légumes en tout petits dés, ajouter les herbes ciselées et le jus de citron. Assaisonner. **Le dressage :** Servir la soupe froide dans un bol très froid. Décorer de tranches de concombre très fines. Y déposer délicatement la garniture de légumes.

Crème de pétoncles à l'oseille

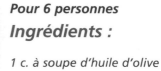

Pour 6 personnes

Ingrédients :

1 c. à soupe d'huile d'olive
2 échalotes grises hachées
225 g (1/2 lb) de pétoncles en morceaux
60 ml (1/4 de tasse) de vin blanc
1 l (4 tasses) de fumet de poisson
  (voir recette)
1 pomme de terre, coupée en dés
180 ml (3/4 de tasse) de lait 1 %
2 c. à soupe de jus de citron
6 pétoncles moyens coupés en deux
feuilles d'oseille

Préparation : Dans un poêlon antiadhésif, faire chauffer l'huile d'olive et y faire revenir les échalotes hachées. Ajouter les morceaux de pétoncles et poêler quelques secondes. Déglacer au vin blanc et laisser réduire de moitié. Transvider le mélange dans une grande casserole, y ajouter le fumet de poisson et la pomme de terre. Cuire environ 15 minutes et laisser réduire de moitié. Ajouter le lait, puis le jus de citron. Passer la soupe au mélangeur. Ajouter les pétoncles coupés en deux et quelques feuilles d'oseille. Chauffer et servir.

Alain Labrie

    Ingrédients et préparation au verso

Pour 2 personnes

Ingrédients :

Les tomates :
2 tomates moyennes
sel de mer gris ♥
1 c. à thé d'huile d'olive
sucre
poivre du moulin

Le fromage :
80 g (1/4 de tasse) de fromage
   de chèvre 16 % de m.g.
1 petite échalote grise hachée très fin
2 c. à thé de vinaigre de Xérès
poivre

La vinaigrette :
1 c. à soupe de fond blanc de volaille
   (voir recette)
1 bouquet de basilic
2 c. à thé de vinaigre de Xérès
poivre
3 c. à soupe d'huile d'olive extra vierge
mesclun de laitues

♥ *Ne pas mettre de sel.*

♥ ♥ ♥ ♥ *Pour les grandes occasions ou*
   choisir une vinaigrette allégée ou
   réduire l'huile de moitié.

Préparation : **Les tomates :** Nettoyer les tomates. Retirer le pédoncule et, par cet orifice, les évider à l'aide d'une cuillère à parisienne. Placer les tomates, ouverture en haut, dans une cassolette (plat allant au four) où elles seront maintenues. Les arroser d'huile d'olive, de sel de mer, de sucre et de poivre. Dans un four préchauffé à 100°C (200°F), les confire 2 heures. Attendre qu'elles soient refroidies avant d'apprêter le fromage.
Le fromage : Dans un bol, rassembler le chèvre, l'échalote, le vinaigre de Xérès et le poivre. Bien mélanger tous les ingrédients. En farcir les tomates avec une poche à décorer. Réserver.
La vinaigrette : Mettre dans le mélangeur le fond de volaille, le basilic, le reste du vinaigre de Xérès et le poivre. Bien mélanger. Ajouter l'huile d'olive en filet. **La finition :** Retourner la tomate sur une assiette, ajouter le mesclun de laitues et arroser de vinaigrette. Assaisonner de sel de mer et de poivre.

Vins coups de cœur : Sauvignon blanc de Californie
                        Vin rosé de Provence

Chèvre frais et tomates confites

Pour 4 personnes

Ingrédients :

Les tomates :

2 tomates moyennes
3 c. à soupe de miel
1 gousse d'ail dégermée et hachée
200 g (7 oz) de fromage de chèvre
   16 % de m.g.
12 feuilles de basilic

La vinaigrette :

2 c. à soupe de vinaigre de Xérès
60 ml (1/4 de tasse) de fond blanc
   de volaille (voir recette)
50 g (1 tasse) de basilic frais, haché
2 c. à soupe d'huile d'olive extra vierge
sel♥ et poivre

♥ *Ne pas mettre de sel.*

♥ ♥ *Choisir une vinaigrette allégée ou réduire l'huile de moitié.*

♥ ♥ ♥ ♥ *Pour les grandes occasions.*

Préparation : Les tomates confites : Plonger les tomates dans l'eau bouillante quelques secondes, les en retirer, puis les peler. Les cuire dans une sauteuse avec le miel et l'ail, environ 5 minutes à découvert. **Le montage du chèvre :** Pour chaque entrée, tapisser l'intérieur d'un ramequin d'environ 5 cm (2 po) d'une pellicule de plastique assez grande pour pouvoir la refermer sur la préparation. Disposer une couche de chèvre au fond, puis une tranche de tomate confite et ensuite une feuille de basilic. Répéter cette opération trois fois, puis refermer la pellicule de plastique. Refroidir au réfrigérateur 2 heures avant de servir. **La vinaigrette au basilic :** Au mélangeur, bien mixer le vinaigre de Xérès, le fond blanc de volaille et le basilic. Ajouter l'huile d'olive lentement. Assaisonner. **Le dressage de l'assiette :** Mettre un filet de miel et de vinaigrette au basilic dans le fond de l'assiette. Trancher le chèvre en deux pièces et les déposer sur l'assiette. Napper d'un peu de vinaigrette et de miel. Servir avec une salade de roquette.

Conseil : Si vous n'avez pas de ramequins, utilisez des moules à muffins.

Pour 2 personnes

Ingrédients :

1 bagel tranché

4 c. à thé de tapenade (pâte d'olives noires)

2 grosses tomates tranchées (1 rouge et 1 jaune)

1 c. à soupe de thym frais, haché

2 c. à soupe de romano râpé, à faible teneur en m.g.

2 c. à thé d'huile d'olive extra vierge

Préparation : Préchauffer le four à 190°C (375°F). Étendre la tapenade sur les 2 demi-bagels. Disposer les tomates en alternant les tranches rouges et les tranches jaunes. Saupoudrer de thym haché et de romano râpé. Arroser d'huile d'olive et cuire au four environ 15 minutes. Servir avec une salade.

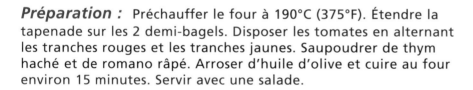

Croustades de champignons des bois

Pour 4 personnes

Ingrédients :

La sauce au porto :
2 petites échalotes grises, hachées
  finement
1 c. à thé d'huile de maïs
60 ml (1/4 de tasse) de porto
1 l (4 tasses) de fond de veau
  (voir recette)
1 c. à soupe de jus de citron
sel ♥, poivre

La béchamel :
1 c. à soupe de margarine
  non hydrogénée
1 c. à soupe de farine blanche
250 ml (1 tasse) de lait 1 %

La tête d'ail confite :
1 tête d'ail
un soupçon d'huile

Les champignons :
150 g (5 1/2 oz) de chanterelles
150 g (5 1/2 oz) de cèpes
150 g (5 1/2 oz) de shiitake
2 petites échalotes grises, hachées
  finement
sel ♥, poivre

Les croustades :
4 tranches de pain complet

♥ Ne pas mettre de sel.

Préparation : La sauce au porto : Faire revenir les échalotes à feu vif dans un peu d'huile de maïs. Déglacer avec le porto et réduire à l'état sirupeux. Incorporer le fond de veau et laisser réduire de moitié. Ajouter le jus de citron, le sel et le poivre. Réduire la sauce de nouveau jusqu'à consistance désirée. Réserver. **La béchamel :** Faire fondre la margarine, ajouter la farine, puis incorporer le lait. Remuer constamment et laisser épaissir jusqu'à consistance désirée. Ne pas faire bouillir. Réserver. **La tête d'ail confite :** Couper les pointes des gousses sans les détacher de la tête. Badigeonner la surface coupée d'un peu d'huile. Enfourner à 180°C (350°F) pendant 45 minutes. Presser la tête pour faire sortir les gousses confites de leur enveloppe. Réserver. **Les champignons :** Blanchir les champignons dans un peu d'eau et de lait quelques minutes. Les retirer et les hacher grossière-ment. Faire revenir les échalotes, ajouter les champignons, puis la béchamel. Assaisonner. **Les croustades :** Arrondir les tranches de pain en retirant leurs croûtes. Bien écraser les tranches et les disposer chacune sur la face extérieure d'un petit moule à tartelette. Passer au gril quelques minutes jusqu'à ce qu'elles soient bien dorées. Démouler. Dresser les champignons dans les croustades. Entourer d'un cordon de sauce au porto et garnir d'une gousse d'ail confite.

Rendement : 1 litre (4 tasses)

Ingrédients :

3 kg (6 1/2 lb) d'os de volaille
3 carottes moyennes
1 poireau
5 branches de céleri
1 gros oignon
6 champignons de Paris
persil frais
3 branches de thym
4 gousses d'ail écrasées avec la peau
1 feuille de laurier
2 c. à thé de poivre en grains

Préparation : Rincer les os de volaille pour en retirer le sang. Mettre dans une grande casserole et couvrir d'eau froide, jusqu'à 10 cm (4 po) au-dessus des os. Ajouter tous les ingrédients et porter à ébullition. Diminuer le feu et laisser mijoter doucement à découvert. Avec une louche, enlever les impuretés qui remontent à la surface. Laisser cuire et réduire au tiers du volume. Passer ensuite le fond de volaille au chinois (tamis) et ranger au réfrigérateur. Avant de s'en servir, enlever la couche de gras sur le dessus.

Alain Labrie

Fond brun de canard

Rendement : 1 litre (4 tasses)

Ingrédients :

3 kg (6 1/2 lb) d'os de canard
2 c. à soupe d'huile d'olive
3 carottes moyennes
1 poireau
4 branches de céleri
1 oignon moyen
6 gousses d'ail écrasées avec la peau
7 ou 8 champignons de Paris
3 c. à soupe de pâte de tomates
2 c. à thé de poivre en grains
2 branches de thym frais
3 feuilles de laurier
persil frais
2 c. à thé de baies de genièvre

Préparation : Préchauffer le four à 240°C (475°F). Dans une grande marmite, mettre les os à rôtir au four avec l'huile d'olive de 20 à 30 minutes à découvert. Brasser fréquemment. Ajouter tous les légumes coupés grossièrement et laisser cuire au four encore de 20 à 30 minutes. Brasser très souvent. Dès que tout est bien coloré (pas brûlé), transvider dans une grande casserole et couvrir d'eau, jusqu'à 10 cm (4 po) au-dessus des os. Incorporer la pâte de tomates, le poivre en grains, le thym, le laurier, le persil et les baies de genièvre et porter à ébullition. Avec une louche, enlever les impuretés qui remontent à la surface. Réduire au tiers du volume et passer le fond de canard au tamis.

Conseil : Faites vos fonds la veille et rangez-les au réfrigérateur. Vous n'aurez qu'à enlever la couche de gras sur le dessus avant de vous en servir.

Fond de veau ou de gibier

Rendement : 1 litre (4 tasses)

Ingrédients :

3 kg (6 1/2 lb) d'os de veau ou de gibier
3 carottes
1 gros oignon
1 poireau
4 branches de céleri
5 branches de thym
3 c. à soupe de pâte de tomates
2 c. à thé de baies de genièvre
2 c. à thé de poivre en grains
5 feuilles de laurier
6 gousses d'ail écrasées avec la peau
2 c. à soupe d'huile d'olive

Préparation : Voir *fond brun de canard* ci-dessus.

Pavés de saumon vapeur et vinaigrette tiède au sel de Guérande

Pour 4 personnes

Ingrédients :

600 g (1 1/4 lb) de saumon de
l'Atlantique frais, désossé et dont on
a retiré les arêtes
2 c. à soupe de vinaigre balsamique
125 ml (1/2 tasse) d'huile d'olive extra
vierge
sel de mer gris (sel de Guérande)♥
poivre

♥ **Ne pas mettre de sel.**

♥ ♥ **N'utiliser que le tiers de la vinaigrette.**

Préparation : Couper les filets de saumon en pavés de 150 g (5 1/2 oz) chacun (ou demander au poissonnier de le faire). Cuire à la vapeur 5 minutes. Servir avec un filet de vinaigrette obtenue en mélangeant le vinaigre balsamique et l'huile d'olive extra vierge. Parsemer de sel de mer et de poivre frais moulu. Conserver le reste de vinaigrette au réfrigérateur. Servir avec la polenta et les légumes au gingembre.

Alain Labrie

Légumes au gingembre

     Ingrédients et préparation au verso

Alain Labrie

Légumes au gingembre

Préparation : **La poudre de gingembre :** Peler le gingembre et l'émincer finement. Faire sécher à l'air libre 24 heures et passer au hachoir (moulin à café) le lendemain. **Les légumes :** Couper les légumes en julienne (ou autre coupe) et les blanchir 2 ou 3 minutes à l'eau bouillante. À la dernière minute, les faire sauter dans l'huile avec la poudre de gingembre et servir aussitôt.

Pour environ 5 personnes

Ingrédients :

1 grosse racine de gingembre frais
1 oignon moyen
1/2 poivron rouge
1/2 poivron vert
1/2 poivron jaune
1 grosse carotte
1 petite branche de brocoli
10 champignons de Paris
1 c. à soupe d'huile d'arachide ou
  de maïs

Polenta

Préparation : Dans un grand faitout, faire revenir les échalotes dans l'huile de maïs. Ajouter le lait et l'eau. Amener à ébullition. Jeter la semoule en pluie fine et cuire tout doucement environ 10 minutes. Incorporer le romano râpé à la fin de la cuisson et laisser fondre le fromage. Ajouter le thym haché.

Pour 4 personnes

Ingrédients :

2 ou 3 échalotes grises, hachées
1 c. à thé d'huile de maïs
330 ml (1 1/3 tasse) de lait 2 %
180 ml (3/4 de tasse) d'eau
150 g (3/4 de tasse) de semoule de maïs
100 g (2/3 de tasse) de romano allégé
  râpé
1 bouquet de thym haché

♥ **Calculer 1 féculent.**

Linguine au saumon et pistou de basilic

Pour 2 personnes
Ingrédients :

Le pistou de basilic :
50 g (1 tasse) de basilic frais
75 g (1/2 tasse) de parmesan
75 g (1/2 tasse) de pignons (noix de pin)
310 ml (1 1/4 tasse) d'huile d'olive extra
    vierge
2 gousses d'ail dégermées et hachées
    finement
sel♥ ♥ et poivre

Les pâtes :
2 portions de linguine frais
100 g (3 1/2 oz) de saumon mariné♥
2 c. à soupe de pistou de basilic
2 tomates cerises
1 bouquet de basilic

♥ Utiliser du saumon frais et ne pas mettre
   de sel.

♥ Ne pas mettre de sel.

Préparation : **Le pistou de basilic :** Bien mixer tous les ingrédients au mélangeur. **Les pâtes :** Cuire les pâtes à l'eau. Les sauter avec le saumon dans 2 c. à soupe de pistou. Décorer de tomates cerises en quartiers et d'un bouquet de basilic.

Conseil : Conservez le reste de pistou au réfrigérateur.

Vins coups de cœur : Vin blanc de Bordeaux
Vin blanc, chardonnay du Chili

Pour 2 personnes

Ingrédients :

La salsa :
1 petite mangue coupée en petits
   morceaux (1/2 tasse)
4 ou 5 tranches d'ananas coupées
   en petits morceaux (1/2 tasse)
1/2 boîte (de 341 ml/12 oz) de maïs
   en grains (1/2 tasse)
1/2 poivron rouge coupé en petits dés
le jus de 1/2 citron
3 c. à soupe de coriandre fraîche,
   hachée
tabasco

L'huile aux herbes :
15 g (1/4 de tasse) d'herbes fraîches
   (basilic, coriandre, aneth, ciboulette)
2 c. à soupe d'huile d'olive extra vierge

Le flétan :
300 g (10 oz) de flétan
pointes d'asperges
sel de mer♥

♥ **Pour les grandes occasions.**

♥ **Ne pas mettre de sel.**

♥ **Calculer 2 fruits.**

Préparation : **La salsa :** Mélanger les fruits, le maïs en grains, le poivron rouge, le jus de citron, la coriandre et le tabasco. Réserver. **L'huile aux herbes :** Passer les herbes et l'huile d'olive au mélangeur. Réserver. **Le flétan :** Cuire le flétan à la vapeur 5 minutes (le servir pas tout à fait cuit, transparent au centre). Déposer la salsa au centre de l'assiette, le flétan dessus et les pointes d'asperges tout autour. Arroser de l'huile aux herbes et assaisonner de sel de mer.

Vins coups de cœur : Vin blanc, torrontes d'Argentine
Vin blanc, gewürztraminer d'Alsace

Alain Labrie

   4 *Ingrédients et préparation au verso*

Bar grillé aux épices et son jus de canard au gingembre

Préparation : **Le poisson :** Lever le bar en filets (ou demander au poissonnier de le faire) et bien enlever les écailles (laisser la peau). Broyer légèrement les épices au mortier et en saupoudrer la peau du poisson. Réserver. **La sauce :** Préparer la sauce en faisant revenir les échalotes et le gingembre quelques minutes dans l'huile chaude. Ajouter le miel, puis le vinaigre de Xérès et laisser réduire en caramel. Incorporer le fond de canard et laisser réduire de moitié. Assaisonner et passer la sauce au tamis. Réserver. Chauffer un peu d'huile d'olive et cuire le bar sur la peau environ 5 minutes. **Le dressage :** Dresser la sauce au fond de l'assiette et y déposer le bar, la peau sur le dessus. Servir avec une purée de céleri-rave (voir recette ci-dessous) et des petits légumes.

Conseil : On peut utiliser du rouget, du doré ou une autre sorte de poisson.

Vins coups de cœur : Vin blanc, muscat sec d'Alsace
Vin blanc, chardonnay de Californie

Pour 6 personnes

Ingrédients :

Le poisson :
1 bar d'Amérique de 900 g (2 lb)
1 c. à thé de coriandre en grains
2 c. à thé de poivre blanc en grains
1 c. à thé d'aneth
1 c. à thé d'anis étoilé

La sauce :
2 petites échalotes grises, hachées finement
2 c. à soupe de gingembre frais, haché
2 c. à soupe d'huile d'olive extra vierge
2 c. à soupe de miel
2 c. à soupe de vinaigre de Xérès
1 l (4 tasses) de fond brun de canard (voir recette)
sel♥, poivre

♥ **Ne pas mettre de sel.**

Purée de céleri-rave

Préparation : Couper le céleri-rave en morceaux. Mettre à cuire à couvert avec l'eau, le jus d'orange, l'ail et le thym. Cuire jusqu'à ce qu'il soit tendre, puis enlever les branches de thym. Passer le céleri-rave au robot avec une noisette de beurre. Passer ensuite au tamis pour avoir une purée lisse. Assaisonner de poivre.

Pour 4 personnes

Ingrédients :

1 gros céleri-rave pelé
500 ml (2 tasses) d'eau
125 ml (1/2 tasse) de jus d'orange
1 gousse d'ail dégermée et hachée
3 branches de thym frais
1 noisette de beurre
poivre

Alain Labrie

 *Ingrédients et préparation au verso*

Pétoncles rôtis au cresson et au gingembre

Pour 4 personnes

Ingrédients :

Préparation : **La sauce :** Faire revenir les échalotes et le gingembre dans quelques gouttes d'huile. Y ajouter le miel et le vinaigre de Xéres, puis le fond de canard. Réduire des trois quarts.
Les pétoncles : Pendant ce temps, hacher le cresson (seulement les feuilles) et mélanger avec le jus de citron et l'huile d'olive. Assaisonner de poivre frais moulu et réserver. Cuire les pétoncles à feu vif dans un poêlon antiadhésif 30 secondes de chaque côté. Répartir le mélange de cresson sur les pétoncles. Entourer d'un cordon de sauce. Servir avec un risotto et des asperges.

Vins coups de cœur : Vin blanc, sauvignon de la Loire
Vin blanc, Orvieto, Italie

La sauce :
1 petite échalote grise, hachée finement
1 c. à soupe de gingembre frais, haché
1 c. à soupe de miel
2 c. à soupe de vinaigre de Xérès
1 l (4 tasses) de fond de canard (voir recette)

Les pétoncles :
1 botte de cresson
1 c. à soupe de jus de citron
2 c. à soupe d'huile d'olive extra vierge
poivre
20 gros pétoncles

Risotto

Pour 4 personnes

Ingrédients :

Préparation : Faire suer l'oignon et ajouter le riz. Incorporer le fond de volaille et le bouquet d'herbes. Cuire à feu doux jusqu'à ce que le liquide soit tout absorbé. Enlever le bouquet d'herbes. Ajouter le parmesan et assaisonner au goût.

1 oignon haché
250 g (1 1/4 tasse) de riz italien (arborio ou risotto)
500 ml (2 tasses) de fond blanc de volaille (voir recette)
1 bouquet garni (basilic, thym, oseille, coriandre, marjolaine, citronnelle, le tout dans un coton à fromage)
50 g (1/3 de tasse) de parmesan râpé

♥ *Calculer 3 féculents par portion.*

Crevettes poêlées au soya et aux petits légumes

Pour 2 personnes

Ingrédients :

La marinade :
5 c. à soupe d'huile d'olive extra vierge
1 c. à soupe de vinaigre balsamique
1 c. à thé de sauce soya légère
1 gousse d'ail dégermée et hachée
1 c. à thé de gingembre frais, haché
1 c. à soupe de coriandre fraîche, hachée
1 c. à thé de miel

Les crevettes aux légumes :
12 crevettes moyennes décortiquées
petits légumes : carottes, pois mange-tout, asperges, haricots
1 c. à thé de sauce soya légère
1 c. à thé de vinaigre balsamique
herbes fraîches

Préparation : Mélanger tous les ingrédients de la marinade et y faire macérer les crevettes pendant 12 heures. Égoutter les crevettes et les faire sauter dans une poêle antiadhésive avec les petits légumes. Déglacer avec la sauce soya et le vinaigre balsamique. Servir avec des pâtes fraîches. Décorer d'herbes fraîches.

Vins coups de cœur : Vin blanc, Viognier du Languedoc-Roussillon
Vin blanc, pinot blanc d'Alsace

Pour 6 personnes

Ingrédients :

La marinade :
125 ml (1/2 tasse) d'huile d'olive extra vierge
3 c. à soupe de vinaigre balsamique
2 c. à soupe de basilic frais, haché
2 c. à soupe de thym frais, haché
2 c. à soupe de cerfeuil frais, haché
2 c. à thé de romarin frais, haché
1 gousse d'ail dégermée et hachée
2 c. à thé de sauce tamari ♥
tabasco au goût
sauce Worcestershire au goût

Le poulet :
6 blancs de poulet de grain

La sauce :
2 petites échalotes grises, hachées finement
1 c. à thé de margarine non hydrogénée
180 ml (3/4 de tasse) de vin blanc
500 ml (2 tasses) de fond brun de canard (voir recette)
sel ♥, poivre

♥ *Ne pas mettre de sel et choisir une sauce soya légère.*

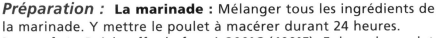

Préparation : La marinade : Mélanger tous les ingrédients de la marinade. Y mettre le poulet à macérer durant 24 heures.
Le poulet : Préchauffer le four à 200°C (400°F). Enlever le poulet de la marinade, le poêler à feu vif dans une poêle antiadhésive et le finir au four environ 4 ou 5 minutes, puis le réserver.
La sauce : Faire revenir les échalotes grises dans la margarine quelques minutes. Déglacer avec le vin blanc. Ajouter le fond de volaille et laisser réduire jusqu'à la consistance désirée. Servir ce poulet avec des pommes de terre grillées et des haricots verts.

Conseil : Cette volaille est excellente sur le barbecue.

Vins coups de cœur : Vin rouge du Beaujolais
Vin rouge, cabernet du Frioul, Italie

Pour 8 personnes

Ingrédients :

1 faisan
1 pintade
1 c. à soupe d'huile de maïs
180 ml (3/4 de tasse) de vin blanc sec
2 l (8 tasses) de fond blanc de volaille
   (voir recette)
thym, estragon, origan frais
2 carottes
1/2 poireau
2 panais
1 petit céleri-rave

Préparation : Préchauffer le four à 160°C (325°F). Retirer la peau des 2 volailles, les désosser et les couper en morceaux. Chauffer l'huile de maïs dans une poêle antiadhésive. Faire sauter vivement les morceaux de volaille, puis les réserver dans une assiette. Déglacer la poêle avec le vin blanc et laisser réduire de moitié. Dans une cocotte, mélanger le réduit, le fond blanc de volaille, les herbes fraîches et les morceaux de volaille. Cuire au four durant 40 minutes à couvert. Pendant ce temps, couper les légumes en morceaux grossiers, puis les ajouter au pot-au-feu. Cuire encore environ 20 minutes. Sortir du four. Retirer les morceaux de volaille et les légumes. Réduire le bouillon de moitié. Remettre la volaille et les légumes dans la cocotte. Servir avec un riz thaï aux herbes.

Conseils : Servez le plat en cocotte et le riz dans une assiette creuse. Vous pouvez également faire cette recette avec un poulet.

Vins coups de cœur : Vin rouge, merlot de la Californie
Vin rouge, Cahors, France

Pour 2 personnes

Ingrédients :

La marinade :
125 ml (1/2 tasse) d'huile d'olive extra vierge
2 c. à soupe de vinaigre balsamique
1 c. à soupe de sauce soya légère
1 c. à soupe de pâte de tomates
1 gousse d'ail dégermée et hachée
1 c. à thé de gingembre frais, haché
1 c. à soupe de basilic ciselé
1 c. à soupe de coriandre ciselée
1 c. à soupe de thym haché
2 c. à thé de romarin haché

La volaille et son mesclun :
2 suprêmes de poulet taillés en lamelles pas trop fines
mesclun de laitues (cresson, roquette, feuilles de chêne, frisée, etc.)
1/2 poivron rouge
1/2 poivron jaune
5 champignons de Paris
1 tomate
1/4 de concombre anglais
1 petite mangue coupée en petits morceaux (1/2 tasse)
4 ou 5 tranches d'ananas coupées en petits morceaux (1/2 tasse)

La vinaigrette :
60 ml (1/4 de tasse) d'huile d'olive extra vierge
2 c. à thé de vinaigre de Xérès
2 c. à thé de vinaigre balsamique
sel♥, poivre

♥ *Ne pas mettre de sel.*

♥ ♥ ♥ *Pour les grandes occasions.*

Préparation : Mélanger tous les ingrédients de la marinade et y laisser macérer le poulet pendant 12 heures. Mettre le mesclun de laitues, les légumes et les fruits dans un saladier. Sortir le poulet de la marinade et le cuire à feu vif ou sur le barbecue (bien le caraméliser). Ajouter le poulet à la salade et l'arroser d'un peu de vinaigrette.

Vins coups de cœur : Vin blanc, torrontes d'Argentine
Vin blanc, pinot gris d'Alsace

Alain Labrie

Le canard de Barbarie de Monsieur Roireau

Pour 2 ou 3 personnes
Ingrédients :

1 canard de Barbarie femelle
250 g (2 1/2 tasses) de rhubarbe coupée
  en dés
115 g (1/2 tasse) de sucre
2 c. à soupe de margarine
  non hydrogénée
2 c. à soupe de sucre
3 pommes Granny Smith coupées
  en dés
150 g (1 1/2 tasse) de rhubarbe coupée
  en dés
250 ml (1 tasse) de vin rouge
1 l (4 tasses) de fond brun de canard
  (voir recette)

Préparation : Désosser le canard et le couper en 4 morceaux (2 cuisses et 2 magrets). **La purée de rhubarbe :** Cuire 250 g de rhubarbe coupée en dés et 100 g (7 c. à soupe) de sucre jusqu'à consistance désirée. **La sauce :** Faire fondre la margarine et ajouter le reste (1 c. à soupe) du sucre. Faire caraméliser les pommes et ajouter les 150 g de rhubarbe. Déglacer avec le vin rouge et réduire de moitié. Ajouter le fond de canard et réduire des trois quarts. Ajuster la liaison avec de la purée de rhubarbe. **Le canard :** Pendant que la sauce réduit, poêler les cuisses et les magrets, puis les cuire au four environ 5 minutes à 200°C (400°F). Servir les cuisses et les magrets rosés sur un filet de sauce. Accompagner de purée de rhubarbe et compléter avec des pommes de terre.

Vins coups de cœur : Vin blanc, chardonnay du Chili
Vin rouge de Saumur, Loire

Grenadin de veau au Reggiano

Pour 4 personnes

Ingrédients :

Le veau et sa farce :
600 g (1 1/4 lb) de filet de veau
  bien paré
80 g (1/4 de tasse) de fromage
  à la crème léger
60 ml (1/4 de tasse) de lait
1 paquet d'épinards de 300 g (10 oz)
1 c. à thé de margarine
  non hydrogénée
100 g (2/3 de tasse) de parmesan
  Reggiano râpé
2 c. à soupe de marjolaine fraîche,
  hachée
poivre

La sauce :
50 g (2 oz) de champignons sauvages
  séchés (chanterelles, bolets), de
  pleurotes ou de shiitake
2 c. à thé d'huile d'olive
2 petites échalotes grises, hachées
  finement
2 c. à soupe de madère (facultatif)
1 l (4 tasses) de fond de veau
  (voir recette)
sel♥, poivre

♥ **Ne pas mettre de sel.**

♥ ♥ ♥ ♥ **Pour les grandes occasions.**

Préparation : La farce d'épinards : Mélanger le fromage et le lait. Faire tomber légèrement les épinards dans la margarine, puis les hacher et les incorporer au mélange. Ajouter ensuite le Reggiano, la marjolaine et poivrer au goût. **Le montage du filet de veau :** Couper le filet de veau en quatre parties et les percer au centre avec un couteau. Les farcir de la farce d'épinards au Reggiano. Réserver au réfrigérateur. **La sauce :** Tremper les champignons dans l'eau tiède environ 15 minutes, puis les essorer. Les faire revenir quelques minutes dans l'huile d'olive avec les échalotes. Déglacer au madère et incorporer le fond de veau. Laisser réduire de moitié. Assaisonner. **La cuisson :** Préchauffer le four à 220°C (425°F). Colorer le veau au poêlon et le cuire au four environ 7 minutes (servir rosé). Couper chaque portion de filet en deux et napper de sauce aux champignons. Servir avec des poireaux braisés.

Vins coups de cœur : Vin rouge de Chianti
Vin rouge, Côtes-du-Rhône, Saint-Joseph

Alain Labrie

Carré d'agneau de l'Estrie, gratiné au romarin

Pour 4 personnes

Ingrédients :

2 c. à thé d'huile végétale
2 petites échalotes grises, hachées
  finement
2 gousses d'ail dégermées et hachées
2 c. à soupe de vinaigre balsamique
1 l (4 tasses) de fond d'agneau ou
  de fond de veau (voir recette)
1 c. à soupe de jus de citron
poivre
4 carrés d'agneau de 150 g (5 oz)
  chacun
2 c. à soupe de moutarde forte♥
2 c. à soupe de romarin frais, haché
1 branche de romarin frit

♥ **Réduire la moutarde de moitié.**

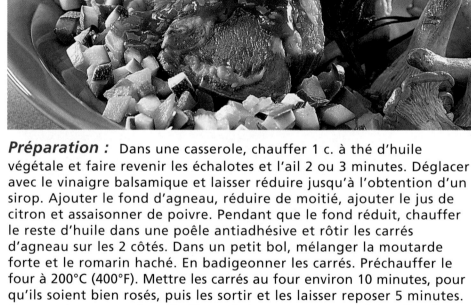

Préparation : Dans une casserole, chauffer 1 c. à thé d'huile végétale et faire revenir les échalotes et l'ail 2 ou 3 minutes. Déglacer avec le vinaigre balsamique et laisser réduire jusqu'à l'obtention d'un sirop. Ajouter le fond d'agneau, réduire de moitié, ajouter le jus de citron et assaisonner de poivre. Pendant que le fond réduit, chauffer le reste d'huile dans une poêle antiadhésive et rôtir les carrés d'agneau sur les 2 côtés. Dans un petit bol, mélanger la moutarde forte et le romarin haché. En badigeonner les carrés. Préchauffer le four à 200°C (400°F). Mettre les carrés au four environ 10 minutes, pour qu'ils soient bien rosés, puis les sortir et les laisser reposer 5 minutes. Couper chaque carré en 4 pièces et dresser sur une assiette. Servir avec des petites aubergines grillées, des chanterelles ou d'autres légumes au choix. Dresser la sauce tout autour de la viande. Garnir d'une branche de romarin frit.

Conseil : Le romarin frais non cuit ne se mange pas tel quel mais, une fois frit à grande friture (180°C/350°F), il est très bon.

Vins coups de cœur : Vin rouge de Madiran, France
Vin de Ribera del Duero, Espagne

Gigotin d'agneau au thym frais

Pour 6 personnes

Ingrédients :

2 bottes de thym frais
4 gousses d'ail dégermées et hachées
180 ml (3/4 de tasse) d'huile d'olive
    extra vierge
1 gigot d'agneau du Québec, désossé
    et coupé en 6 morceaux
2 échalotes grises hachées
125 ml (1/2 tasse) de vin rouge
1 l (4 tasses) de fond d'agneau ou de
    fond de veau (voir recette)
sel♥, poivre

♥ **Ne pas mettre de sel.**

♥ ♥ **Pour les grandes occasions.**

Préparation : Hacher au mélangeur 1 botte de thym et 2 gousses d'ail avec l'huile d'olive. Mettre les morceaux de gigot d'agneau à macérer 48 heures dans cette marinade. Préchauffer le four à 200°C (400°F). Poêler les morceaux de gigot à feu vif et mettre à cuire au four environ 5 à 10 minutes. Pendant ce temps, faire revenir les échalotes grises et les 2 autres gousses d'ail à feu vif. Déglacer avec le vin rouge et réduire de moitié. Mouiller avec le fond d'agneau ou de veau et laisser réduire de nouveau de moitié. Assaisonner. Hacher l'autre botte de thym et l'ajouter à la sauce. Servir avec des pommes de terre rôties et des légumes verts.

Vins coups de cœur : Vin rouge, syrah du Languedoc-Roussillon
                         Vin rouge de Saint-Émilion, Bordeaux

Alain Labrie

Pour 6 personnes

Ingrédients :

3 échalotes grises hachées
1 c. à soupe de grains de poivre
1 c. à soupe de baies de genièvre
   écrasées
1 c. à thé d'huile de maïs
3 c. à soupe de vinaigre de framboises
3 c. à soupe de gelée de groseilles
1 l (4 tasses) de fond de gibier ou
   de fond de veau (voir recette)
20 g (2 c. à soupe) de chocolat
   non sucré à haute teneur en cacao,
   râpé
900 g (2 lb) de longe de caribou
   désossée et parée

Préparation : Faire revenir les échalotes, le poivre et les baies de genièvre dans l'huile de maïs. Ajouter le vinaigre de framboises et la gelée de groseilles, puis laisser réduire de moitié. Incorporer le fond de gibier et laisser réduire encore de moitié. Ajouter le chocolat râpé et laisser cuire jusqu'à consistance désirée. Vérifier l'assaisonnement et réserver la sauce. Préchauffer le four à 200°C (400°F). Poêler la longe de caribou à feu vif et mettre au four durant 7 ou 8 minutes, pas plus, le caribou se sert saignant. À la sortie du four, laisser reposer la viande environ 5 minutes. Servir nappé de sauce.

Conseil : Vous pouvez vous approvisionner en caribou en le commandant dans certaines chaînes d'alimentation.

Vins coups de cœur : Vin rouge, cabernet-sauvignon de Californie
Vin rouge, Brunello di Montalcino, Italie

Rendement : 12 gros muffins

Ingrédients :

115 g (1/2 tasse) de cassonade
110 g (1/2 tasse) de margarine
   non hydrogénée
60 ml (1/4 de tasse) de mélasse
2 œufs
320 g (2 tasses) de farine blanche
   ou de blé
1 c. à thé de bicarbonate de soude
2 c. à thé de poudre à pâte
30 g (1/2 tasse) de céréales All-Bran
120 g (3/4 de tasse) de raisins secs
125 ml (1/2 tasse) d'eau
125 ml (1/2 tasse) de lait

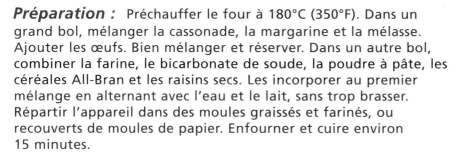

Préparation : Préchauffer le four à 180°C (350°F). Dans un grand bol, mélanger la cassonade, la margarine et la mélasse. Ajouter les œufs. Bien mélanger et réserver. Dans un autre bol, combiner la farine, le bicarbonate de soude, la poudre à pâte, les céréales All-Bran et les raisins secs. Les incorporer au premier mélange en alternant avec l'eau et le lait, sans trop brasser. Répartir l'appareil dans des moules graissés et farinés, ou recouverts de moules de papier. Enfourner et cuire environ 15 minutes.

Alain Labrie

Pâte à crêpes

    Ingrédients et préparation au verso

Pâte à crêpes

Rendement : 12 à 16 petites crêpes

Ingrédients :

160 g (1 tasse) de farine blanche
2 c. à soupe de farine de sarrasin
1 œuf entier
1 jaune d'œuf
310 ml (1 1/4 tasse) de lait
1 c. à soupe de sucre
vanille au goût
huile

♥ *2 crêpes = 1 féculent.*

Préparation : Dans un grand bol, tamiser et mélanger les farines. Au mélangeur, mixer l'œuf et le jaune d'œuf. Ajouter graduellement les farines et le lait en alternance. Une fois le mélange bien homogène, incorporer le sucre et parfumer de vanille au goût. **La cuisson :** Dans une poêle antiadhésive de 15 cm (6 po) de diamètre, chauffer un peu d'huile à feu modéré. Enlever le surplus d'huile. Verser une louche du mélange de pâte à crêpes au centre de la poêle. Incliner la poêle en tous sens pour couvrir le fond uniformément. Cuire la crêpe pendant 30 secondes environ, jusqu'à ce que les bords commencent à relever ou que des bulles se forment à la surface. Retourner la crêpe et cuire pendant 20 secondes environ.

Coulis de fraises au basilic

Rendement : environ 375 ml (1 1/2 tasse)

Ingrédients :

630 g (10 1/2 oz) de fraises congelées
 ou 1 casseau de fraises fraîches
150 ml (2/3 de tasse) d'eau
115 g (1/2 tasse) de sucre à glacer
3 c. à soupe de jus de citron
3 c. à soupe de basilic frais, ciselé

♥ *2 c. à soupe de coulis = 1 fruit.*

Préparation : Nettoyer les fraises et les passer au mélangeur avec l'eau et le sucre à glacer. Transférer l'appareil dans une casserole. Faire frémir, puis éteindre le feu. Ajouter le jus de citron, le basilic ciselé et quelques fraises en morceaux. Servir avec les crêpes au petit déjeuner.

Alain Labrie

Nage de fruits rouges à l'estragon

Pour 2 personnes

Ingrédients :

60 ml (1/4 de tasse) d'eau
4 c. à thé de sucre
125 ml (1/2 tasse) de vin rouge
300 g (1 1/4 tasse) de fruits frais variés
   (fraises, framboises, mûres, bleuets,
   etc.)
1 c. à thé d'estragon frais, haché

♥ **Servir sans sorbet.**

Préparation : Cette recette se prépare à l'avance. Dans une petite casserole, amener à ébullition l'eau et le sucre. Laisser cuire 5 minutes. Ajouter le vin rouge et laisser refroidir. Transférer dans un grand bol. Ajouter les fruits et l'estragon et bien mélanger. Réfrigérer pendant 6 heures. Servir dans un bol et déposer au centre une petite boule de sorbet à l'estragon ♥.

Sorbet à l'estragon

Pour 8 personnes

Ingrédients :

Le sirop à 30° :
1 l (4 tasses) d'eau
690 g (3 tasses) de sucre

Le sorbet :
1 l (4 tasses) de sirop 30°
25 g (1/2 tasse) d'estragon frais
250 ml (1 tasse) d'eau
310 ml (1 1/4 tasse) de jus de lime

Préparation : **Le sirop :** Mélanger l'eau avec le sucre. Amener à ébullition et cuire 5 minutes. **Le sorbet :** Amener le sirop à ébullition, ajouter l'estragon, éteindre le feu et laisser infuser jusqu'à refroidissement. Passer le sirop au tamis et ajouter l'eau et le jus de lime. Mettre à turbiner ou ranger au congélateur. Brasser 2 ou 3 fois, jusqu'à ce que le sorbet soit complètement congelé.

Alain Labrie

Sorbet au basilic frais

Rendement : 1 litre

Ingrédients :

125 g (2 1/2 tasses) de basilic frais
375 ml (1 1/4 tasse) d'eau
230 g (1 tasse) de sucre
le jus de 2 citrons
1 blanc d'œuf

Préparation : Passer le basilic à l'extracteur à jus. Réserver. Dans une petite casserole, faire bouillir l'eau avec le sucre pendant 5 minutes. Refroidir. Transférer dans un grand bol. Réserver. Battre légèrement le blanc d'œuf. Incorporer le jus de basilic, le jus de citron et le blanc d'œuf au sirop. Mettre à congeler pendant 1 heure, sortir du congélateur et fouetter, puis remettre à congeler.

Coulis de rhubarbe au citron vert

**Rendement : environ 750 ml
(3 tasses)**

Ingrédients :

500 ml (2 tasses) d'eau
230 g (1 tasse) de sucre
250 g (2 1/2 tasses) de rhubarbe
    coupée, non pelée
4 limes
eau

♥ *2 c. à soupe de coulis = 1 fruit.*

Préparation : Faire un sirop avec l'eau et le sucre. Cuire la rhubarbe dans ce sirop jusqu'à complète désintégration. Pendant ce temps, prélever le zeste des limes avec la petite râpe à main, puis presser les fruits pour en retirer le jus. Quand la rhubarbe est bien cuite, la passer avec son sirop au mélangeur et ensuite au chinois étamine. Incorporer le zeste et le jus des limes dans le coulis. Si nécessaire, rajouter de l'eau jusqu'à consistance désirée.

Conseil : Ce coulis est excellent avec des sorbets (aux fruits, au basilic, etc.).

Alain Labrie

Pain de seigle au cumin

Rendement : 3 pains

Ingrédients :

175 g (1 1/2 tasse) de farine de seigle
175 g (1 1/2 tasse) de farine de sarrasin
440 g (2 3/4 tasses) de farine blanche
   ou de blé
1 enveloppe (20 g) de levure sèche
1 c. à thé de sel
1 c. à soupe de sucre
5 c. à soupe de graines de cumin
500 ml (2 tasses) d'eau tiède
165 g (1 1/2 tasse) de noix de Grenoble
   hachées grossièrement
90 g (2/3 de tasse) de raisins
   de Corinthe
90 g (2/3 de tasse) de raisins Sultana

Préparation : Dans un grand bol, mélanger les 3 farines, la levure, le sel, le sucre et les graines de cumin. Ajouter l'eau tiède et bien brasser (environ 2 minutes). Incorporer les noix de Grenoble et les raisins. Mélanger encore 2 minutes. Mettre à lever pendant environ 1 heure (laisser la pâte lever du double). Diviser l'appareil en 3 portions égales et mettre dans des moules graissés et farinés de 19 cm x 9 cm (7 1/2 po x 3 1/2 po). Laisser encore une fois la pâte lever du double. Cuire au four à 190°C (375°F) environ 20 minutes (tourner les moules à mi-cuisson).

Conseil : Ce pain est excellent pour accompagner les fromages.

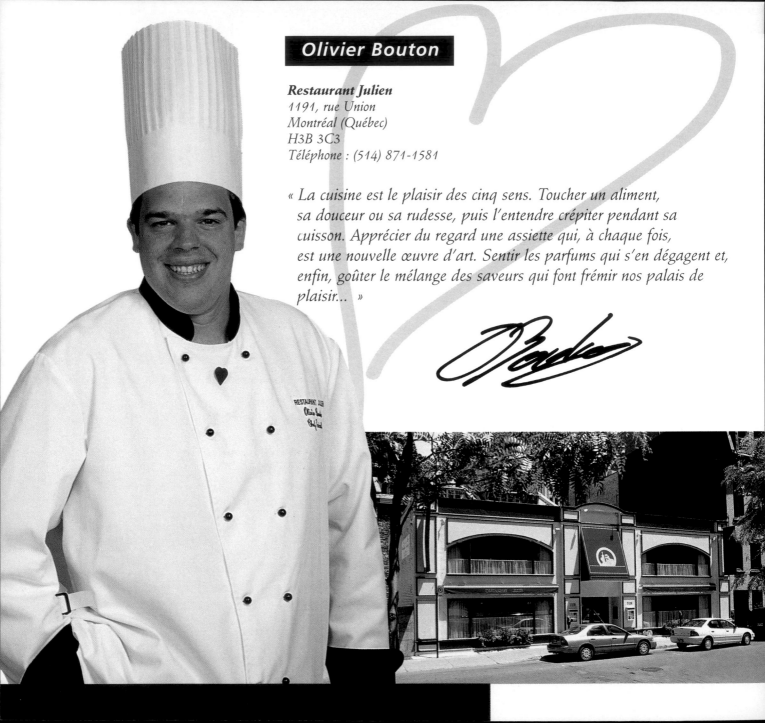

Olivier Bouton

Restaurant Julien
*1191, rue Union
Montréal (Québec)
H3B 3C3
Téléphone : (514) 871-1581*

« La cuisine est le plaisir des cinq sens. Toucher un aliment, sa douceur ou sa rudesse, puis l'entendre crépiter pendant sa cuisson. Apprécier du regard une assiette qui, à chaque fois, est une nouvelle œuvre d'art. Sentir les parfums qui s'en dégagent et, enfin, goûter le mélange des saveurs qui font frémir nos palais de plaisir... »

Pour 6 à 8 personnes

Ingrédients :

2 carottes
1 oignon
1 poireau
1 branche de céleri
1 c. à soupe d'huile de tournesol
150 g (3/4 de tasse) d'orge perlé
2 l (8 tasses) de bouillon de volaille
  (voir recette)
poivre au goût
1 pincée de sel♥

♥ **Ne pas mettre de sel.**

Préparation : Couper les carottes, l'oignon, le poireau et le céleri en petits dés. Dans une grande casserole, chauffer l'huile de tournesol et faire revenir les légumes jusqu'à ce qu'ils soient bien rôtis. Ajouter l'orge puis le bouillon de volaille. Assaisonner. Laisser mijoter environ 30 minutes.

Pour 4 à 6 personnes

Ingrédients :

1 oignon
1 poireau
2 carottes
2 branches de céleri
2 pommes de terre
2 tomates
2 c. à thé d'huile au goût
2 l (8 tasses) de bouillon de volaille
   (voir recette)
2 c. à soupe de pesto ou de basilic
   frais, haché

Préparation : Hacher l'oignon. Émincer le poireau, les carottes, le céleri et les pommes de terre. Hacher grossièrement les tomates. Dans une grande casserole, faire revenir tous les légumes dans un peu d'huile. Déglacer avec le bouillon de volaille et laisser mijoter doucement 30 minutes. À la fin de la cuisson, ajouter un peu de pesto ou de basilic frais, haché.

Pour 4 personnes

Ingrédients :

200 g (7 oz) d'épinards
1 baguette de blé entier
60 g (2 oz) de fromage de chèvre
16 % de m.g.
1 branche de thym

La vinaigrette :
3 c. à soupe d'huile d'olive
3 c. à soupe de vinaigre de vin rouge
4 feuilles de basilic frais, hachées
une pointe de moutarde de Dijon

Préparation : Laver les épinards. Réserver. Trancher 12 croûtons d'environ 1,5 cm (1/2 po). Couper le fromage de chèvre en 12 parts et les déposer sur les croûtons. Les saupoudrer de thym. Réserver. Faire une vinaigrette avec l'huile d'olive, la moutarde de Dijon et le vinaigre de vin rouge. Assaisonner de basilic frais, haché. Verser un filet de vinaigrette sur les feuilles d'épinard et bien mélanger. Réserver. Conserver le reste de vinaigrette pour un usage ultérieur. Passer les croûtons au gril 2 ou 3 minutes, le temps de faire fondre le fromage. Dresser la salade d'épinards dans un plat de service et y déposer les croûtons.

Olivier Bouton

Mesclun aux fruits et au jarlsberg

Pour 4 personnes

Ingrédients :

La vinaigrette :
1 c. à thé de moutarde de Dijon
3 c. à soupe de vinaigre balsamique
3 c. à soupe d'huile d'olive
1 échalote française hachée finement

La salade :
1 kiwi
1 pomme
1 poire
1 grappe de raisins rouges
2 tranches d'ananas
200 g (7 oz) de mesclun de laitues
100 g (3 1/2 oz) de fromage jarlsberg
   allégé

♥ Calculer 1 fruit.

Préparation : **La vinaigrette :** Mélanger au fouet la moutarde de Dijon, le vinaigre balsamique, l'huile d'olive et l'échalote française.
La salade : Éplucher le kiwi et le couper en quartiers. Laver à grande eau la pomme, la poire et les raisins. Couper la pomme et la poire en quartiers et en retirer le cœur et les pépins. Couper l'ananas en morceaux. Dans un grand saladier, combiner les fruits, le mesclun de laitues et le fromage. Arroser de vinaigrette. Servir en entrée.

Chou rouge braisé

Pour 8 à 10 personnes

Ingrédients :

1 pomme
1 oignon
250 ml (1 tasse) de vin rouge
250 ml (1 tasse) de vinaigre de vin
   rouge
1 bâton de cannelle
1 chou rouge

Préparation : Laver la pomme et en enlever le cœur. Peler l'oignon. Réserver. Dans un grand bol, verser le vin et le vinaigre de vin. Ajouter le bâton de cannelle. Émincer le chou, la pomme et l'oignon. Les mettre dans la marinade et les laisser macérer pendant une nuit au réfrigérateur. Égoutter tout en prenant soin de conserver le liquide. Dans une grande casserole, faire revenir le mélange chou, pomme et oignon à feu moyen. Ajouter la marinade, puis laisser mijoter doucement de 45 minutes à 1 heure.

Conseil : Le chou braisé accompagne très bien les gibiers et les viandes rouges.

Olivier Bouton

Asperges au balsamique

Pour 4 personnes

Ingrédients :

24 asperges
100 g (3 1/2 oz) de bettes à cardes ou
   d'épinards
1 c. à thé de moutarde de Dijon
3 c. à soupe de vinaigre balsamique
3 c. à soupe d'huile d'olive
50 g (2 oz) de parmesan coupé en
   copeaux

Préparation : Cuire les asperges à la vapeur pour qu'elles soient encore croquantes. Bien laver les bettes à cardes ou les épinards. Les placer dans une passoire et les ébouillanter. Faire une vinaigrette avec la moutarde de Dijon, le vinaigre balsamique et l'huile d'olive. Disposer les asperges en triangle, les bettes à cardes ou les épinards au milieu, saupoudrer de copeaux de parmesan, puis napper le tout de vinaigrette.

Pour 4 personnes

Ingrédients :

1 courgette
1 aubergine
1 poivron rouge
1 bulbe de fenouil
1 oignon rouge
2 c. à thé d'huile de sésame
  ou d'arachide
3 c. à soupe d'huile d'olive
3 c. à soupe de vinaigre balsamique
1 c. à thé de moutarde de Dijon
1 petit oignon vert, haché finement
1 paquet (450 g) de pâtes chinoises
  (nouilles Yet-ca-mein)
2 c. à thé de sauce soya légère
2 c. à thé d'huile d'olive
1 petit bout de gingembre frais, haché
1 gousse d'ail dégermée et hachée
  finement

♥ ♥ **Pour les grandes occasions.**

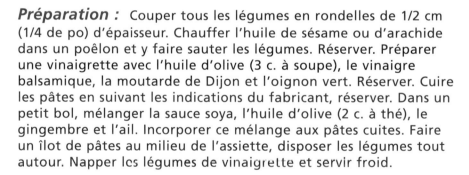

Préparation : Couper tous les légumes en rondelles de 1/2 cm (1/4 de po) d'épaisseur. Chauffer l'huile de sésame ou d'arachide dans un poêlon et y faire sauter les légumes. Réserver. Préparer une vinaigrette avec l'huile d'olive (3 c. à soupe), le vinaigre balsamique, la moutarde de Dijon et l'oignon vert. Réserver. Cuire les pâtes en suivant les indications du fabricant, réserver. Dans un petit bol, mélanger la sauce soya, l'huile d'olive (2 c. à thé), le gingembre et l'ail. Incorporer ce mélange aux pâtes cuites. Faire un îlot de pâtes au milieu de l'assiette, disposer les légumes tout autour. Napper les légumes de vinaigrette et servir froid.

Vins coups de cœur :   Vin blanc, muscadet
Vin rosé de Provence

Olivier Bouton

Spaghetti *al pesto*

Pour 4 personnes

Ingrédients :

350 g (12 oz) de spaghetti
100 g (2 tasses) de basilic frais
3 c. à soupe de pignons (noix de pin)
60 ml (1/4 de tasse) d'huile d'olive
3 c. à soupe de jus de citron

♥ *Ne pas accompagner de pain.*

♥ ♥ *Pour les grandes occasions.*

Préparation : Cuire les spaghetti *al dente*. Réserver. Hacher au mixeur le basilic et les pignons. Ajouter l'huile d'olive puis le jus de citron. Faire sauter les spaghetti avec un peu du pesto ainsi obtenu. Décorer de quelques pignons entiers grillés.

Vins coups de cœur : Vin blanc, sauvignon du Frioul
Vin rouge, Chianti, Italie

Pour 4 personnes

Ingrédients :

1 échalote française
1 gousse d'ail
3 grosses tomates
25 g (1/2 tasse) de coriandre fraîche
1 c. à soupe d'huile d'olive
350 g (12 oz) de fettucine

♥ **Ne pas accompagner de pain.**

Préparation : Hacher l'échalote et l'ail. Couper les tomates en cubes. Ciseler la coriandre. Faire revenir l'ail et l'échalote dans l'huile d'olive, puis ajouter les tomates. Cuire environ 7 à 10 minutes, puis ajouter la coriandre. Cuire les pâtes *al dente,* les égoutter, les mettre dans un grand bol, puis les mélanger avec la préparation de tomates. Servir dans des assiettes creuses.

Vins coups de cœur : Vin blanc, pinot grigio d'Italie
Vin rosé du Penedès, Espagne

Olivier Bouton

Risotto aux légumes

Pour 3 personnes

Ingrédients :

1 oignon haché
4 c. à thé d'huile de canola
120 g (1/3 de tasse) de riz italien
  (arborio ou risotto)
60 ml (1/4 de tasse) de vin blanc
180 ml (3/4 de tasse) de bouillon
  de volaille (voir recette)
1 courgette
1 carotte
1 poivron rouge
1 branche de céleri
parmesan râpé

Préparation : Dans une casserole, faire suer l'oignon haché dans 2 c. à thé d'huile de canola. Ajouter le riz. Bien remuer. Déglacer au vin blanc. Amener à ébullition, ajouter le bouillon de volaille, porter à nouveau à ébullition, baisser le feu à basse température et couvrir. Laisser cuire 20 minutes. Pendant ce temps, couper les légumes en cubes et les faire revenir dans le reste d'huile. Cinq minutes avant la fin de la cuisson du riz, y ajouter les légumes. Assaisonner le risotto d'un peu de parmesan râpé.

Vins coups de cœur : Vin blanc, Orvieto d'Italie
Vin rouge, cabernet du Frioul, Italie

Rendement : 1 1/2 litre (6 tasses)

Ingrédients :

1 oignon
10 à 12 champignons
2 kg (4 1/2 lb) de parure de poisson
   (sole ou turbot)
1/2 botte de persil frais, haché
1 branche de thym
1 feuille de laurier
250 ml (1 tasse) de vin blanc
2 l (8 tasses) d'eau

Préparation : Émincer l'oignon et trancher les champignons. Combiner l'oignon, les champignons, la parure de poisson, le persil, le thym, le laurier, le vin blanc et l'eau dans une casserole. Porter à ébullition puis cuire durant 30 minutes. Passer au tamis fin. Ranger au réfrigérateur.

Conseil : Vous pouvez conserver le fumet de poisson au congélateur.

Saumon frais sauce piquante au yogourt

Pour 4 personnes

Ingrédients :

4 tranches de saumon de 150 g (5 oz)
    chacune
2 gousses d'ail dégermées
1 morceau de gingembre
1 poivron rouge
2 piments forts
3 c. à soupe de jus de citron
185 g (3/4 de tasse) de yogourt
1 branche de coriandre
sel ♥ et poivre

♥ Ne pas mettre de sel.

Préparation : Préchauffer le four à 200°C (400°F). Disposer les 4 tranches de saumon sur une lèchefrite dans un peu d'eau. Cuire environ 8 minutes. Au robot culinaire, mixer l'ail, le gingembre, le poivron et les piments avec le jus de citron. Ajouter le yogourt, puis la coriandre hachée grossièrement. Assaisonner au goût. Dresser les tranches de saumon sur un plat de service et napper de la sauce piquante au yogourt.

Conseil : Demandez à votre poissonnier des tranches de saumon d'au moins 2 cm (3/4 de po). Choisissez le saumon de l'Atlantique, il est plus savoureux.

Vins coups de cœur : Vin blanc, chardonnay d'Australie
Vin blanc, pouilly-fumé de la Loire

Pour 4 personnes

Ingrédients :

1 oignon
1 c. à thé d'huile de maïs
60 ml (1/4 de tasse) de jus de citron
60 ml (1/4 de tasse) d'eau
1 chou
4 baies de genièvre
180 ml (3/4 de tasse) de vin blanc
4 tranches de saumon de 150 g (5 oz)
   chacune

Préparation : Émincer l'oignon. Dans une casserole, chauffer l'huile de maïs et y faire revenir l'oignon. Verser le jus de citron et l'eau. Porter à ébullition et ajouter le chou tranché mince et les baies de genièvre. Couvrir et cuire à feu moyen jusqu'à ce que le chou soit tendre, environ 20 minutes. Ajouter le vin blanc. Poêler les tranches de saumon dans une goutte d'huile. Bâtir un nid de chou cuit au centre de chaque assiette, puis y déposer les pavés de saumon. Accompagner de riz basmati.

Vins coups de cœur : Vin blanc, chardonnay du Chili
Vin rouge, merlot du Languedoc-
Roussillon

Tartare de thon

Pour 2 personnes

Ingrédients :

1 ou 2 échalotes françaises
1 branche de coriandre
300 g (10 oz) de thon bien frais
1 c. à thé de moutarde de Dijon
3 c. à soupe de jus de citron
3 c. à soupe d'huile d'olive
sel de céleri♥
2 feuilles de laitue frisée

♥ *Ne pas mettre de sel de céleri.*

♥ ♥ *Pour les grandes occasions.*

Préparation : Couper très fin l'échalote française et la coriandre. Réserver. Hacher le thon au couteau, très finement. Dans un grand bol, combiner le thon, l'échalote et la coriandre ciselée, la moutarde de Dijon, le jus de citron et l'huile d'olive. Bien mélanger. Assaisonner d'un peu de sel de céleri et servir sur les feuilles de laitue.

Conseil : Prenez soin de vous procurer du poisson frais et de le consommer le jour même.

Vins coups de cœur : Vin blanc, Sancerre de la Loire
Vin rosé du Penedès, Espagne

Colin au thym et aux tomates

Pour 4 personnes

Ingrédients :

250 ml (1 tasse) d'eau
250 ml (1 tasse) de vin blanc
3 c. à soupe de jus de citron
2 c. à soupe d'huile d'olive
2 branches de thym frais
1 branche de coriandre
20 petits oignons grelots frais
2 tomates
sel♥ et poivre
600 g (1 1/4 lb) de colin
8 pommes de terre grelots

♥ *Ne pas mettre de sel.*

Préparation : Préchauffer le four à 180°C (350°F). Dans une casserole moyenne, faire bouillir l'eau, le vin, le citron et l'huile d'olive. Ajouter le thym frais, la coriandre et les petits oignons. Laisser mijoter sans couvrir 10 à 12 minutes. Couper les tomates en petits dés et les ajouter aux trois quarts de la cuisson des oignons. Saler et poivrer. Couper le colin en 4 portions égales. Badigeonner d'un peu d'huile d'olive le fond d'un moule rectangulaire d'environ 23 cm x 33 cm (9 po x 13 po). Y disposer les portions de colin. Assaisonner. Recouvrir du mélange tomates et oignons et cuire au four de 5 à 8 minutes. Dresser le poisson dans une assiette creuse, napper du bouillon et accompagner de pommes de terre grelots.

Vins coups de cœur : Vin blanc, sauvignon du Chili
Vin blanc, Sancerre de la Loire

Olivier Bouton

Filets de truite aux pignons

Pour 4 personnes

Ingrédients :

1 carotte
1 poivron rouge
1 oignon
1 courgette
huile de maïs
100 g (1/2 tasse) de riz
250 ml (1 tasse) d'eau
50 g (3/8 de tasse) de pignons
  (noix de pin)
4 filets de truite de 150 g (5 oz) chacun
1 échalote française
180 ml (2/3 de tasse) de vin blanc
1 c. à thé de fécule de maïs
160 g (2/3 de tasse) de yogourt
sel ♥ et poivre

♥ **Ne pas mettre de sel.**

Préparation : Couper la carotte, le poivron rouge, l'oignon et la courgette en dés. Chauffer un peu d'huile au fond d'une casserole. Y faire suer les légumes, puis ajouter le riz. Bien mélanger. Verser l'eau. Amener à ébullition, baisser le feu, couvrir et cuire de 15 à 20 minutes. Pendant ce temps, passer les pignons au gril le temps qu'ils deviennent dorés. Réserver. Poêler les filets de truite dans un peu d'huile de maïs. Débarrasser et réserver dans une assiette. Hacher fin l'échalote française et la faire sauter dans la même poêle. Déglacer au vin blanc, réduire des trois quarts. Mélanger la fécule de maïs au yogourt (ça l'empêche de tourner quand on le chauffe), puis l'incorporer au réduit. Chauffer légèrement, ne pas faire bouillir. Assaisonner et ajouter les pignons grillés. Dresser le poisson sur le riz aux légumes. Servir avec la sauce.

Vins coups de cœur : Vin blanc, chardonnay de la Californie
Vin blanc de la Vénitie, Italie

Pour 4 personnes

Ingrédients :

4 pommes de terre
1 avocat
1 mangue
1 poivron rouge
1 gousse d'ail dégermée
1 échalote française
4 c. à thé de jus de citron
2 c. à soupe d'huile d'olive
600 g (1 1/4 lb) de flétan
sel♥ et poivre

♥ **Ne pas mettre de sel.**

♥ **Ne pas accompagner de pain.**

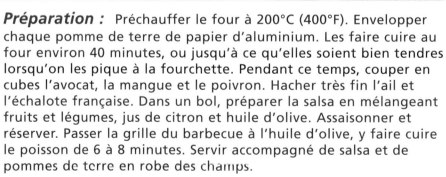

Préparation : Préchauffer le four à 200°C (400°F). Envelopper chaque pomme de terre de papier d'aluminium. Les faire cuire au four environ 40 minutes, ou jusqu'à ce qu'elles soient bien tendres lorsqu'on les pique à la fourchette. Pendant ce temps, couper en cubes l'avocat, la mangue et le poivron. Hacher très fin l'ail et l'échalote française. Dans un bol, préparer la salsa en mélangeant fruits et légumes, jus de citron et huile d'olive. Assaisonner et réserver. Passer la grille du barbecue à l'huile d'olive, y faire cuire le poisson de 6 à 8 minutes. Servir accompagné de salsa et de pommes de terre en robe des champs.

Vins coups de cœur : Vin blanc, muscat du Languedoc-
Roussillon
Vin blanc, viognier du Languedoc-
Roussillon

Olivier Bouton

Médaillons de turbot sur aubergine grillée

Pour 6 personnes

Ingrédients :

1 gousse d'ail dégermée
1 échalote française
4 tomates coupées en dés
quelques feuilles de basilic frais
un peu d'huile
1 aubergine
12 beaux médaillons de turbot

Préparation : Préchauffer le four à 200°C (400°F). Hacher fin l'ail et l'échalote. Réserver. Blanchir les tomates, les peler et les couper en dés. Dans une petite casserole, cuire les tomates avec l'ail et l'échalote jusqu'à l'obtention d'une compote. Ajouter le basilic. Réserver. Trancher l'aubergine en 12 rondelles. Sur une plaque badigeonnée d'un peu d'huile, disposer côte à côte les tranches d'aubergine et les médaillons de turbot. Faire griller au four 4 ou 5 minutes. Dresser les tranches d'aubergine dans les assiettes et déposer sur chacune un médaillon de turbot. Couvrir de la fondue de tomates.

Conseil : Libre à vous de le faire au barbecue si le cœur vous en dit.

Vins coups de cœur : Vin rouge, gamay de la Loire
Vin rouge du Penedès, Espagne

Morue à la provençale

Pour 4 personnes

Ingrédients :

2 carottes
1 gros oignon
1 poireau
3 échalotes françaises
2 gousses d'ail dégermées
3 tomates
1 c. à soupe d'huile d'olive
2 c. à soupe de pâte de tomates sans sel
500 ml (2 tasses) de vin blanc
500 ml (2 tasses) d'eau
10 olives noires♥
600 g (1 1/4 lb) de morue

♥ **Réduire les olives de moitié (5).**

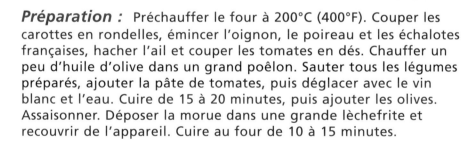

Préparation : Préchauffer le four à 200°C (400°F). Couper les carottes en rondelles, émincer l'oignon, le poireau et les échalotes françaises, hacher l'ail et couper les tomates en dés. Chauffer un peu d'huile d'olive dans un grand poêlon. Sauter tous les légumes préparés, ajouter la pâte de tomates, puis déglacer avec le vin blanc et l'eau. Cuire de 15 à 20 minutes, puis ajouter les olives. Assaisonner. Déposer la morue dans une grande lèchefrite et recouvrir de l'appareil. Cuire au four de 10 à 15 minutes.

Vins coups de cœur : Vin blanc, Sancerre de la Loire
Vin rosé de Côtes-du-Rhône

Olivier Bouton

PROVIGO

Pour 4 personnes

Ingrédients :

4 cœurs d'artichauts
2 tomates
10 olives noires♥
1 c. à soupe d'huile d'olive
4 filets d'omble de 150 g (5 oz) chacun
180 ml (3/4 de tasse) de fumet
  de poisson (voir recette)
3 c. à soupe de jus de citron
herbes au goût

♥ **Réduire les olives de moitié (5).**

Préparation : Couper les cœurs d'artichauts en quartiers, les tomates en dés et les olives en rondelles. Réserver. Poêler les filets d'omble à l'huile d'olive. Débarrasser et réserver. Faire sauter les légumes dans la même poêle. Ajouter le fumet de poisson et le jus de citron. Assaisonner d'herbes au goût et déposer sur les filets de poisson. Servir avec du riz et une salade verte.

Vins coups de cœur : Vin blanc de Bourgogne
                         Vin rouge du Beaujolais

Pour 4 personnes

Ingrédients :

3 échalotes françaises
1 c. à thé d'huile de maïs
2 kg (4 1/2 lb) de moules
250 ml (1 tasse) de vin blanc
4 tomates
ail dégermé
2 piments forts (jalapeños)

Préparation : Dans une grosse marmite, sauter les échalotes françaises dans l'huile de maïs. Réserver. Bien frotter les moules à l'eau claire et les mettre dans la marmite. Mouiller de vin blanc. Couvrir et cuire jusqu'à ce que les moules soient bien ouvertes. Retirer les moules de la marmite et réserver. Verser le bouillon de vin de cuisson dans une petite casserole. Couper les tomates en dés et les piments forts en rondelles. Cuire dans le bouillon de vin de 3 à 5 minutes. Servir les moules et leur sauce dans des assiettes creuses. Accompagner d'une salade d'endives.

Conseil : Ne consommez pas les moules qui ne sont pas ouvertes.

Vins coups de cœur : Vin blanc, vinho verde du Portugal
Vin blanc, pouilly-fumé de la Loire

Olivier Bouton

Crevettes piquantes

Pour 4 personnes

Ingrédients :

1 gousse d'ail dégermée
1 échalote française
1 poivron rouge
16 grosses crevettes
1 piment fort (jalapeño)
4 c. à thé d'huile de maïs
180 ml (3/4 de tasse) de fond de veau
   (voir recette)
sel ♥ et poivre
1 branche de persil
1 gros poireau entier
2 c. à thé d'huile de maïs

♥ *Ne pas mettre de sel.*

Préparation : Hacher l'ail et l'échalote française. Couper le poivron en dés. Réserver. Décortiquer les crevettes. Couper le piment fort en fines rondelles. Sauter les crevettes et le piment fort dans 2 c. à thé d'huile de maïs. Débarrasser et réserver. Dans la même poêle, faire revenir l'ail, l'échalote et le poivron. Sauter un peu, puis déglacer avec le fond de veau. Faire réduire de moitié, puis assaisonner et enfin ajouter le persil haché. Couper le poireau finement et le faire sauter dans le reste d'huile de maïs. Déposer le poireau au milieu de l'assiette et les crevettes autour, napper de sauce.

Vins coups de cœur : Vin blanc, pinot gris d'Alsace
Vin blanc, torrontes d'Argentine

Taboulé de crevettes

Pour 4 personnes

Ingrédients :

1 poivron rouge
1 tomate
1 oignon
200 g (1 tasse) de couscous moyen
   précuit
100 g (3 1/2 oz) de crevettes de Matane
   cuites
2 c. à thé de jus de citron
1 c. à soupe d'huile d'olive
2 ou 3 feuilles de menthe fraîche

♥ **Ne pas accompagner de pain.**

Préparation : Préparer une fine brunoise de légumes en coupant le poivron, la tomate et l'oignon en tout petits dés. Cuire le couscous selon les indications du fabricant. Le laisser refroidir. Mélanger la brunoise de légumes, les crevettes et le couscous. Incorporer le jus de citron et l'huile d'olive, puis assaisonner de quelques feuilles de menthe hachées finement.

Olivier Bouton

Pétoncles poêlés au coulis d'avocats

Pour 4 personnes

Ingrédients :

150 g (3/4 de tasse) de riz
2 avocats
60 ml (1/4 de tasse) de jus de citron
60 ml (1/4 de tasse) de vin blanc
sel♥ et poivre
1 kg (2 lb) de pétoncles frais (moyens)

♥ **Ne pas mettre de sel.**

♥ **Ne pas accompagner de pain.**

Préparation : Cuire le riz. Réserver. Peler et dénoyauter les avocats, les couper grossièrement puis les mettre au mélangeur avec le jus de citron. Mixer en ajoutant le vin au fur et à mesure, jusqu'à l'obtention d'un coulis. Saler et poivrer. Réserver. Dans une poêle antiadhésive, faire sauter les pétoncles en les retournant constamment pour éviter qu'ils n'attachent. Servir le riz au centre de l'assiette. Dresser les pétoncles tout autour et les napper de coulis d'avocats.

Tournedos de canard aux canneberges

Pour 4 personnes

Ingrédients :

2 magrets de canard
200 g (3/4 de tasse) de canneberges
   fraîches ou congelées
2 c. à soupe de sucre
125 ml (1/2 tasse) de vinaigre de vin
   rouge
500 ml (2 tasses) de fond brun
   de canard (voir recette)
2 grosses pommes de terre
200 g (7 oz) de haricots verts fins
12 tomates cerises

♥ **Calculer 1 fruit.**

Préparation : Couper chaque magret en 4 grosses tranches. Pour former les tournedos, déposer les tranches deux par deux à plat, le gras vers l'extérieur et les faire tenir ensemble à l'aide de cure-dents. Poêler ces tournedos 3 ou 4 minutes de chaque côté, débarrasser et réserver. Dans la même poêle, mettre les canneberges et le sucre, puis déglacer avec le vinaigre. Réduire des deux tiers et ajouter le fond de canard. Faire réduire à nouveau de moitié. Éplucher et râper les pommes de terre, les assaisonner, les façonner en fines galettes et les sauter à la poêle jusqu'à ce qu'elles soient bien dorées. Déposer les tournedos sur les galettes de pommes de terre et napper de sauce aux canneberges. Servir avec les haricots et les tomates cerises.

Conseil : N'oubliez pas de retirer la peau et le gras du canard avant de le consommer.

Vins coups de cœur : Vin rouge, pinot noir de la Californie
Vin rouge du Madiran, France

Olivier Bouton

PROVIGO

Poitrines de volaille aux légumes grillés et au fromage de chèvre

Pour 4 personnes

Ingrédients :

1 courgette
1 petite aubergine
1 oignon rouge
1 poivron
1 c. à soupe d'huile de maïs
4 poitrines de volaille
200 g (7 oz) de fromage de chèvre
   16 % de m.g.
1 gousse d'ail dégermée
1 échalote française
4 tomates
100 g (3 oz) de fettucine
4 feuilles de basilic frais

Préparation : Couper la courgette, l'aubergine, l'oignon rouge et le poivron en rondelles d'environ 1/2 cm (1/4 de po) d'épaisseur. Les faire revenir dans l'huile de maïs. Réserver. Griller les poitrines de volaille sur le barbecue. Déposer tous les légumes sur les poitrines. Ajouter une tranche de fromage de chèvre sur le dessus et les passer quelques minutes au gril pour faire fondre le fromage. Hacher fin l'ail et l'échalote française. Blanchir les tomates, les peler et les couper en dés. Dans une petite casserole, cuire les tomates avec l'ail et l'échalote jusqu'à l'obtention d'une compote. Cuire les fettucine *al dente*. Déposer chaque poitrine sur un petit lit de pâtes et entourer d'un cordon de compote de tomates. Décorer chaque assiette d'une feuille de basilic.

Vins coups de cœur : Vin rouge de Côtes-du-Rhône
                      Vin rosé de Fronsac

Olivier Bouton

157

Pour 4 personnes

Ingrédients :

La marinade :
3 c. à soupe d'huile d'olive
3 c. à soupe de jus de citron
3 c. à soupe de vin blanc
2 branches d'origan

Le poulet :
2 oignons
4 cuisses de poulet sans peau
12 olives noires dénoyautées♥
50 g (1/4 de tasse) de riz basmati
50 g (1/4 de tasse) de riz sauvage
légume vert au goût

♥ **Réduire les olives de moitié (6).**

♥ **Ne pas accompagner de pain.**

Préparation : **La marinade :** Mélanger l'huile d'olive, le jus de citron, le vin blanc et l'origan. Faire macérer les cuisses pendant 6 heures, au réfrigérateur. **Le poulet :** Préchauffer le four à 180°C (350°F). Émincer les oignons. Déposer les cuisses de poulet dans une lèchefrite, ajouter les oignons, la marinade et les olives. Cuire au four de 45 minutes à 1 heure. Servir avec un duo de riz basmati et de riz sauvage et accompagner d'un légume vert au goût.

Vins coups de cœur : Vin rouge de Sardaigne, Italie
Vin rouge de Saumur, Loire

Olivier Bouton

Couscous au poulet

Pour 4 personnes

Ingrédients :

2 courgettes
1 aubergine
1 poivron rouge
2 poitrines de volaille
1 c. à soupe d'huile de canola
500 ml (2 tasses) de bouillon de volaille
  (voir recette)
300 g (1 1/2 tasse) de couscous précuit
80 g (1/2 tasse) de pois chiches
2 c. à soupe de raisins de Corinthe

♥ **Ne pas accompagner de pain.**

Préparation : Couper les courgettes, l'aubergine et le poivron en cubes assez gros. Réserver. Retirer la peau des poitrines de volaille, les désosser et les couper en gros morceaux. Dans une poêle antiadhésive, chauffer l'huile de canola et faire sauter les légumes et la volaille, juste le temps de bien les dorer. Ajouter le bouillon de volaille et laisser mijoter environ 15 minutes. Préparer le couscous selon les indications du fabricant. Ajouter les pois chiches et les raisins de Corinthe dans le couscous. Le servir dans des assiettes creuses, déposer les légumes dessus et arroser d'un peu de bouillon.

Vins coups de cœur : Vin blanc, sauvignon du Frioul, Italie
Vin rouge, tannat de l'Uruguay

Casserole de veau à la tomate séchée

Pour 4 personnes

Ingrédients :

1 carotte
1 oignon
1 branche de céleri
2 gousses d'ail dégermées
1 c. à soupe d'huile de maïs
450 g (1 lb) de cubes de veau
12 à 16 tomates séchées sans sel ajouté
180 ml (3/4 de tasse) de vin blanc
1 litre (4 tasses) de fond de veau
  (voir recette)
4 pommes de terre moyennes

♥ **Ne pas accompagner de pain.**

Préparation : Couper les légumes en morceaux d'environ 2 cm (3/4 de po) de large. Hacher l'ail finement. Dans une casserole, faire revenir les cubes de veau dans l'huile de maïs. Ajouter les légumes et les tomates séchées. Déglacer avec le vin blanc, puis ajouter le fond de veau. Laisser mijoter environ 1 heure, jusqu'à ce que le veau soit tendre. Enlever la viande, puis passer le bouillon et les légumes au mélangeur. Verser l'appareil dans un plat de service et remettre les cubes de veau. Assaisonner. Servir accompagné d'une purée de pommes de terre.

Vins coups de cœur : Vin rouge, Rosso di Montalcino, Italie
Vin rouge, merlot de Californie

Olivier Bouton

Filet de veau à l'ail confit

Pour 4 personnes

Ingrédients :

32 gousses d'ail
180 ml (3/4 de tasse) d'huile d'olive
1 branche de thym
1 branche de romarin
1 tomate
1 ou 2 filets de veau (600 g/1 1/4 lb)
200 g (1 tasse) de riz basmati
carottes en julienne
haricots verts frais

♥ *Ne pas accompagner de pain.*

Préparation : Éplucher les gousses d'ail puis les blanchir 3 ou 4 fois. Dans une petite casserole, faire chauffer l'huile d'olive et y mettre l'ail à cuire. Après 10 minutes, ajouter le thym et le romarin hachés, puis la tomate coupée en dés. Cuire encore 5 minutes. Réserver la compote. Préchauffer le four à 180°C (350°F). Passer les filets de veau à la poêle, puis en finir la cuisson au four, environ 10 minutes. Cuire le riz. Couper les filets de veau en huit, les déposer à côté du riz et les napper d'une mince couche de compote d'ail. En garniture, ajouter les carottes et les haricots cuits vapeur.

Conseil : N'utilisez que le tiers de la compote et conservez le reste au réfrigérateur pour usage ultérieur. Cela représente la quantité d'huile permise pour la recette.

Vins coups de cœur : Vin rouge de Bourgogne
Vin rouge, shiraz d'Australie

Pour 4 personnes

Ingrédients :

Le gratin :
4 pommes de terre
2 c. à soupe de margarine
    non hydrogénée
2 c. à soupe de farine
250 ml (1 tasse) de lait

La croûte d'herbes :
1 branche de thym
1 branche de romarin
2 branches de persil
4 gousses d'ail dégermées
3 c. à soupe de lait
1 jaune d'œuf
1 tranche de pain de mie défaite en
    morceaux
2 carrés d'agneau

Préparation : **Le gratin :** Préchauffer le four à 200°C (400°F).
Couper les pommes de terre en fines rondelles. Dans un moule
rond, déposer une couche de pommes de terre, saupoudrer de
farine, ajouter quelques noix de margarine et recouvrir de lait.
Répéter l'opération pour placer toutes les rondelles de pommes
de terre. Cuire au four pendant environ 30 minutes, ou jusqu'à ce
que les pommes de terre soient bien tendres. **La croûte
d'herbes :** Hacher finement le thym, le romarin, le persil et l'ail.
Mélanger le tout avec le lait, le jaune d'œuf et la mie de pain.
Déposer ce mélange sur les carrés d'agneau dans une lèchefrite.
De 10 à 15 minutes avant la fin de la cuisson du gratin, enfourner
les carrés d'agneau. Dresser les carrés et servir avec le gratin.

Vins coups de cœur : Vin rouge, merlot de Californie
                        Vin rouge de la Rioja, Espagne

Olivier Bouton

Jarret d'agneau aux herbes et ses petits légumes

Pour 4 personnes

Ingrédients :

2 carottes
1 oignon
1 poireau
1 branche de céleri
1 tomate
2 c. à thé d'huile de maïs
4 jarrets d'agneau
1 l (4 tasses) de fond d'agneau ou
  de fond de veau (voir recette)
2 branches de thym
2 branches de romarin
4 mini-carottes
4 mini-pâtissons*
4 mini-courgettes
8 pommes de terre grelots

** Le pâtisson est une variété de courge
qu'on appelle aussi artichaut d'Espagne
ou bonnet de prêtre.*

♥ *Ne pas accompagner de pain.*

Préparation : Émincer les carottes, l'oignon, le poireau et le céleri. Couper la tomate en dés. Poêler les jarrets dans l'huile de maïs. Ajouter les légumes préparés, le fond d'agneau, le thym et le romarin. Cuire à petits bouillons environ 45 minutes. Enlever les jarrets, retirer les herbes, puis mixer la sauce au mélangeur. Cuire à la vapeur les mini-légumes ainsi que les pommes de terre grelots. Dresser dans une grande assiette les jarrets, la sauce et les mini-légumes.

Vins coups de cœur : Vin rouge, cabernet sauvignon du Chili
Vin rouge, Pomerol, France

Pour 4 personnes

Ingrédients :

2 bâtons de réglisse
250 ml (1 tasse) d'eau
115 g (1/2 tasse) de sucre
250 ml (1 tasse) de fond de veau
  (voir recette)
1 poivron jaune
2 tomates italiennes
8 côtelettes de porcelet ou
  8 petites côtelettes de porc
100 g (3 1/2 oz) de cœurs de quenouilles
  ou de cœurs de palmiers
sel et poivre

♥ **Pour les grandes occasions.**

Préparation : Amener à ébullition la réglisse, l'eau et le sucre. Bouillir jusqu'à obtention d'un caramel. Ajouter le fond de veau, réduire de moitié et réserver. Préchauffer le four à 150°C (300°F). Sur une plaque antiadhésive, rôtir le poivron jaune 20 minutes et cuire les tomates 15 minutes. Réserver. Cuire les côtelettes deux par deux au four à 200°C (400°F) pendant 15 à 20 minutes. Séparer les côtes. En laisser 4 entières et faire des aiguillettes avec les 4 autres (en enlevant l'os). Dans chaque assiette, former d'abord un lit d'aiguillettes, puis y déposer une côtelette. Réchauffer les cœurs de quenouilles ou de palmiers. Dresser tous les légumes sur le côté. Passer la sauce caramel au chinois, l'assaisonner et en recouvrir les manchons de porc.

Olivier Bouton

Côtes de porc à la paysanne comme en Alsace

Pour 4 personnes

Ingrédients :

4 côtes de porc
4 carottes
4 pommes de terre
2 oignons
huile
1 chou frisé
1 l (4 tasses) de bouillon de volaille
   (voir recette)
2 feuilles de laurier

Préparation : Préchauffer le four à 180°C (350°F). Poêler les côtes de porc 1 minute de chaque côté pour les colorer. Couper les carottes en rondelles, émincer les pommes de terre et les oignons. Blanchir les feuilles de chou. Dans une grosse casserole enduite d'huile, disposer la moitié du chou, puis les carottes, les pommes de terre et enfin les côtes de porc. Recouvrir du reste de chou. Enfin, ajouter le bouillon de volaille et les feuilles de laurier. Couvrir et cuire de 30 à 45 minutes.

Vins coups de cœur : Vin blanc, riesling d'Alsace
Vin rouge, pinot noir du Languedoc-Roussillon

Pour 4 personnes

Ingrédients :

150 g (1/2 casseau) de fraises
150 g (1/2 casseau) de framboises
150 g (1/2 casseau) de bleuets
180 ml (3/4 de tasse) de vin rouge
55 g (1/4 de tasse) de sucre ♥
1 branche de menthe

♥ **Couper le sucre de moitié et calculer 1 fruit.**

Préparation : Au mélangeur, mixer le tiers des fraises, des framboises et des bleuets avec le vin rouge et le sucre. Placer les autres fruits dans un grand bol. Verser le coulis sur les fruits et décorer de menthe ciselée.

Tarte aux bananes et aux noisettes

Pour 8 personnes

Ingrédients :

La croûte :
120 g (1 tasse) de chapelure de biscuits
    Graham
5 c. à soupe de margarine
    non hydrogénée, fondue

La garniture :
2 œufs
55 g (1/4 de tasse) de sucre
3 c. à soupe de jus de citron
80 g (2/3 de tasse) de noisettes hachées
3 bananes

Préparation : Préchauffer le four à 150°C (300°F). **La croûte :**
Mélanger les biscuits Graham émiettés et la margarine. En tapisser le
fond et les bords d'un moule à tarte de 23 cm (9 po). Réserver au
réfrigérateur. **La garniture :** Mélanger les œufs, le sucre, le jus de
citron et les noisettes hachées. Couper les bananes en rondelles et les
incorporer. Déposer ce mélange sur la croûte et cuire au four
30 minutes.

Pour 4 personnes

Ingrédients :

La crème pâtissière :
125 ml (1/2 tasse) de lait (écrémé)
1 jaune d'œuf
2 c. à soupe de sucre
1 c. à soupe de farine

Le gratin d'oranges :
4 oranges
crème pâtissière
2 c. à soupe de gelée d'orange
60 ml (1/4 de tasse) de jus d'orange
3 c. à soupe de cognac
4 pincées de pistaches hachées

♥ **Calculer 1 féculent et 1 fruit.**

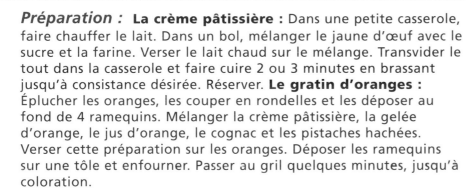

Préparation : **La crème pâtissière :** Dans une petite casserole, faire chauffer le lait. Dans un bol, mélanger le jaune d'œuf avec le sucre et la farine. Verser le lait chaud sur le mélange. Transvider le tout dans la casserole et faire cuire 2 ou 3 minutes en brassant jusqu'à consistance désirée. Réserver. **Le gratin d'oranges :** Éplucher les oranges, les couper en rondelles et les déposer au fond de 4 ramequins. Mélanger la crème pâtissière, la gelée d'orange, le jus d'orange, le cognac et les pistaches hachées. Verser cette préparation sur les oranges. Déposer les ramequins sur une tôle et enfourner. Passer au gril quelques minutes, jusqu'à coloration.

Olivier Bouton

Gâteau à l'orange

Pour 8 à 10 personnes

Ingrédients :

2 œufs
170 g (3/4 de tasse) de sucre
165 g (3/4 de tasse) de margarine
   non hydrogénée
2 oranges
2 c. à thé de poudre à pâte
120 g (3/4 de tasse) de farine

Préparation : Préchauffer le four à 180°C (350°F). Dans un grand bol, mélanger les œufs et le sucre. Incorporer la margarine. Réserver. Prélever le zeste des oranges et le réserver. Presser les deux oranges et incorporer le jus à la préparation. Tamiser la poudre à pâte et la farine au-dessus du bol et ajouter le zeste d'orange. Graisser et fariner un moule rond de 23 cm (9 po). Verser l'appareil dans le moule et cuire de 30 à 40 minutes, ou jusqu'à ce qu'un cure-dents inséré au centre du gâteau en ressorte propre.

Pour 8 à 10 personnes

Ingrédients :

8 poires Bartlett bien mûres
80 ml (1/3 de tasse) de vin blanc doux
   (Sauternes)
2 c. à soupe de sucre à glacer
le jus d'un citron
5 feuilles de gélatine
40 prunes

♥ **Calculer 1 fruit.**

Préparation : Dans une casserole moyenne, pocher la moitié des poires 5 à 10 minutes et les refroidir. Les couper en fines tranches. Réserver. Au mélangeur, mixer le reste des poires (les plus molles) avec le vin blanc et le sucre à glacer pour obtenir une purée. Transvider dans une casserole, porter à ébullition, puis ajouter le jus de citron. Dissoudre la gélatine dans cette préparation. Laisser refroidir. Ouvrir et peler les prunes. Les dénoyauter et les trancher. **Le dressage :** Dans une terrine rectangulaire ou un moule à pain de 23 cm (9 po) de long, disposer en étages la purée de poires, les tranches de poires pochées, la purée de poires à nouveau, puis les tranches de prunes, et ainsi de suite. Réfrigérer pendant 24 heures avant de servir.

Conseil : Pour mieux couper la terrine, vous pouvez la placer au congélateur une heure avant.

Olivier Bouton

Pour 6 personnes

Ingrédients :

1 kg (2,2 lb) de cerises fraîches
500 ml (2 tasses) de vin rouge
250 ml (1 tasse) de porto
1 bâton de cannelle
1 gousse de vanille
1 feuille de laurier
5 c. à soupe de miel
4 boules de lait glacé à la vanille

Préparation : Déposer les cerises dans un grand bol supportant la chaleur. Dans une petite casserole, combiner le vin rouge, le porto, la cannelle, la vanille, la feuille de laurier et le miel. Amener à ébullition et verser sur les cerises. Mettre à refroidir. Servir avec une boule de lait glacé à la vanille.

De 1969 à aujourd'hui,
une même passion:

toujours
mieux servir
le consommateur

PROVIGO

TRENTE
ANS
PRÈS DES
GENS
30

TVA

La télé au cœur de votre quotidien

www.**tva**.ca

Le **Groupe TVA** est la plus **importante**
entreprise **privée** de production et de **diffusion**
d'émissions de **divertissement**, d'**information** et
d'**affaires publiques** de
langue française en Amérique.

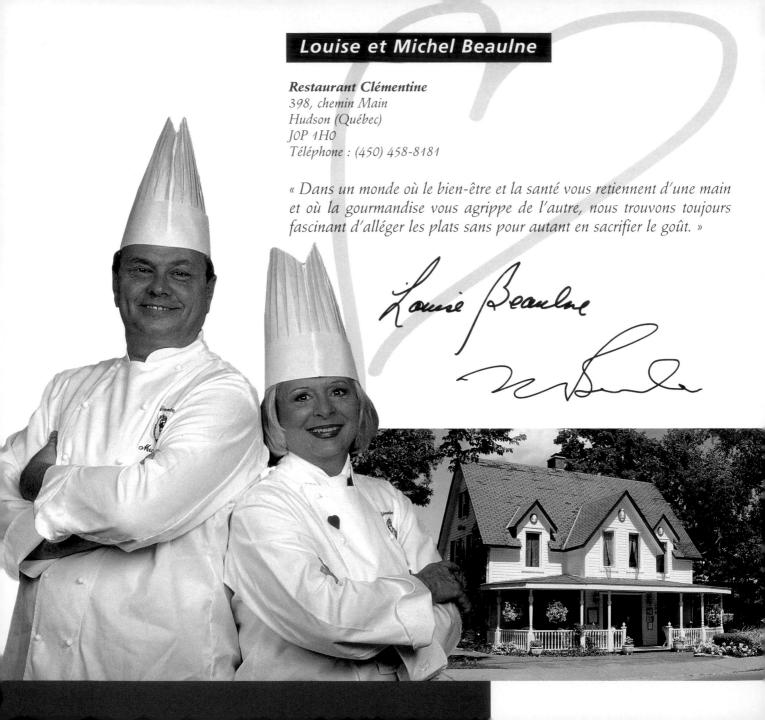

Louise et Michel Beaulne

Restaurant Clémentine
398, chemin Main
Hudson (Québec)
J0P 1H0
Téléphone : (450) 458-8181

« *Dans un monde où le bien-être et la santé vous retiennent d'une main et où la gourmandise vous agrippe de l'autre, nous trouvons toujours fascinant d'alléger les plats sans pour autant en sacrifier le goût.* »

Louise Beaulne

Pour 6 à 8 personnes

Ingrédients :

1 petit oignon haché
1 c. à soupe d'huile
2 c. à soupe de farine
1 l (4 tasses) de bouillon de volaille
    froid (voir recette)
1 c. à soupe de jus de citron frais
1 c. à soupe de vinaigre d'estragon
1 gousse d'ail entière non hachée
1 c. à soupe de raifort préparé
    et égoutté
1 c. à thé de sel♥
1/4 de c. à thé de curry
1/4 de c. à thé d'estragon frais
poivre du moulin
1 gros avocat bien mûr
500 ml (2 tasses) de lait 1 %

♥ *Ne pas mettre de sel.*

Recette tirée du livre **Plaisirs d'été.**

Préparation : Dans une grande marmite, faire frire l'oignon dans l'huile. Lorsqu'il est transparent, saupoudrer de farine, bien mélanger, puis ajouter progressivement le bouillon. Remuer continuellement avec une cuillère de bois et laisser cuire jusqu'à épaississement à la manière d'une béchamel. Incorporer le jus de citron, le vinaigre d'estragon, l'ail, le raifort et les assaisonnements. Couvrir et laisser mijoter à feu doux 10 minutes environ. Réserver. Couper l'avocat en deux et le dénoyauter. Avec une cuillère, séparer la chair de la peau et la couper en cubes grossiers pour ensuite les déposer dans un robot culinaire. Réduire la chair en purée en délayant avec la préparation précédente, 1 tasse à la fois, pour faciliter la liquéfaction de la préparation. Transvaser la purée dans ce qui reste du premier mélange, ajouter le lait en remuant. Porter à ébullition et laisser mijoter 5 minutes. Verser dans un grand bol, laisser au potage le temps de prendre la température ambiante avant de le mettre au réfrigérateur.

Conseil : Cette soupe peut être servie chaude ou froide. Froide, parsemez-la de ciboulette fraîche.

Louise et Michel Beaulne

Potage à la citrouille

Pour 6 personnes

Ingrédients :

600 g (2 1/2 tasses) de chair de citrouille
   en morceaux
500 ml (2 tasses) de bouillon de volaille
   (voir recette)
1 gros oignon haché
2 gousses d'ail dégermées et hachées
1/2 c. à thé de gingembre moulu
   (facultatif)
250 ml (1 tasse) de lait 1 %
sel♥ et poivre
crème sûre légère
ciboulette fraîche

♥ Ne pas mettre de sel.

Préparation : Dans un grand faitout, mélanger la citrouille, le bouillon de volaille, l'oignon, l'ail et le gingembre. Porter à ébullition, réduire le feu, couvrir et mijoter 15 minutes. Passer au mélangeur, remettre sur le feu avec le lait et réchauffer quelques minutes sans bouillir. Assaisonner et garnir le potage de crème sûre légère et de ciboulette fraîche.

Pour 4 personnes

Ingrédients :

240 g (8 oz) de champignons variés
   (pleurotes, bolets, chanterelles)
1 poivron rouge coupé en dés
3 oignons verts coupés en rondelles
2 gousses d'ail dégermées et hachées
   finement
1 c. à soupe d'huile d'olive
mesclun (petites laitues mélangées)

La vinaigrette :
3 c. à soupe d'huile d'olive
2 c. à soupe de vinaigre
1/2 c. à thé de sucre
1/2 c. à thé de moutarde sèche

Préparation : Dans un poêlon, chauffer l'huile d'olive et sauter les champignons, le poivron, les oignons verts et l'ail. Les retirer. Mélanger tous les ingrédients de la vinaigrette. Verser sur le mesclun. Déposer les légumes sautés sur la salade et servir tiède.

Salade au chèvre chaud vinaigrette à l'érable

Pour 4 personnes

Ingrédients :

La vinaigrette :
2 c. à soupe de vinaigre balsamique
2 c. à soupe d'huile d'olive
  ou d'arachide
2 c. à thé de sirop d'érable
2 c. à thé de moutarde forte
sel♥ ♥ et poivre

La salade :
1 pomme de laitue frisée
4 tranches épaisses de pain croûté
fromage de chèvre frais à 16 % de m.g.
tomates cerises

♥ ♥ *Ne pas mettre de sel.*

♥ ♥ *Pour les grandes occasions.*

Recette de notre ami Guy Mongrain.

Préparation : **La vinaigrette :** Dans un bol, fouetter les ingrédients de la vinaigrette. Mieux encore, prendre un contenant qui se ferme hermétiquement, y placer les ingrédients et secouer énergiquement. **La salade :** Tartiner les tranches de pain de fromage de chèvre, puis les passer rapidement sous le gril. Mélanger la laitue et la vinaigrette. Dresser la salade dans 4 assiettes et y déposer les croûtons de pain. Orner de tomates cerises et servir immédiatement.

Rendement : 4 têtes d'ail

Ingrédients :

4 têtes d'ail entières avec la peau
180 ml (3/4 de tasse) de bouillon
   de volaille (voir recette)
quelques branches de thym frais
sel♥ et poivre du moulin, au goût

♥ **Ne pas mettre de sel.**

Recette tirée du livre Le guide du parfait braiseur.

Préparation : Tout en conservant leur pelure blanche, couper le tiers supérieur de chaque tête d'ail de manière à dénuder le haut des gousses, un peu comme on retire un chapeau. Cette méthode empêche la tête d'exploser sous l'effet de la chaleur. Dans un petit contenant en aluminium jetable, placer les têtes côte à côte, la face incisée vers le haut. Arroser de bouillon de volaille, ajouter le thym et recouvrir de papier d'aluminium. Placer sur le gril et laisser cuire assez longtemps pour que l'enveloppe de l'ail ressemble à du papier parchemin et que les gousses se transforment en une purée d'ail parfumée. Compter 1 heure de cuisson. L'ail en chemise se réussit également à merveille au four. Pour ce faire, tailler les têtes et les placer autour d'un rôti ou d'une volaille. Remplacer le bouillon de volaille par le jus de cuisson. Il leur faut environ 1 heure pour cuire.

Conseil : Ajoutez quelques-unes de ces gousses à votre purée de pommes de terre, leur parfum délicat se fond dans ce plat avec brio.

  *Ingrédients et préparation au verso*

Pour 6 personnes

Ingrédients :

2 aubergines (400 g) très fermes
sel♥
2 belles tomates (200 g) mûres à point
1 c. à soupe d'huile d'olive
2 pincées de sucre
sel♥ et poivre
200 g (1 1/3 tasse) de mozzarella
*   faible en m.g.*
60 ml (1/4 de tasse) d'huile de canola
150 g (5 1/2 oz) de champignons
*   portobello coupés en tranches fines*
25 g (1/4 de tasse) de parmesan râpé
poivre du moulin au goût

♥ Ne pas mettre de sel.

Préparation : Enlever le pédoncule des aubergines et les couper en tranches de 1/2 cm (1/4 de po) d'épaisseur dans le sens de la longueur, sans les peler. Ne pas utiliser les tranches bombées de l'extérieur, mais les tranches centrales (environ 9) de chacune des aubergines. Saupoudrer les tranches d'aubergine d'un peu de sel, les mettre dans une passoire et les laisser dégorger pendant 30 minutes. Ébouillanter les tomates 10 secondes, les passer à l'eau froide, puis les peler. Les couper en deux et les presser pour rejeter les graines. Couper la pulpe des tomates en petits dés. Chauffer l'huile d'olive dans un poêlon antiadhésif de 24 cm (10 po). Y jeter les dés de tomate. Les poudrer de sucre, de sel et de poivre. Faire cuire à feu vif pour obtenir une purée épaisse (8 à 10 minutes). Réserver. Couper la mozzarella en 18 bâtonnets de 1,5 cm x 2,5 cm (1/2 po x 1 po). Lorsque les tranches d'aubergine ont bien dégorgé, les rincer abondamment et bien les éponger. Dans un poêlon antiadhésif, chauffer un peu d'huile de canola et cuire les tranches d'aubergine à feu doux 3 ou 4 minutes de chaque côté, le temps qu'elles soient à peine dorées. Retirer et réserver. Utiliser le même poêlon pour faire revenir les champignons 3 ou 4 minutes. Les retirer et bien les éponger. Préchauffer le four à 180°C (350°F). Tapisser chaque tranche d'aubergine avec les champignons. Pour chaque tranche d'aubergine, placer un bâtonnet de fromage à l'extrémité, puis rouler autour du fromage. Couvrir chacune de ces paupiettes d'une petite cuillerée de purée de tomates et saupoudrer d'un peu de parmesan. Poivrer. Cuire au four 10 minutes. Servir chaud ou tiède, en entrée.

Conseil : Vous pouvez préparer ce plat longtemps à l'avance et le mettre à cuire au moment voulu.

Vins coups de cœur : Vin blanc de Saint-Véran, Mâcon
Vin blanc de Pomino, Italie

Pour 6 personnes

Ingrédients :

Les feuilletés :

2 c. à soupe d'huile de canola
1 gousse d'ail dégermée et hachée
2 échalotes grises hachées finement
700 g (6 tasses) de champignons
   de Paris hachés
1 c. à soupe d'arrow-root
180 ml (3/4 de tasse) de bouillon
   de volaille (voir recette)
180 ml (3/4 de tasse) de lait 2 %
   ou écrémé
sel♥ et poivre, au goût
6 feuilles de pâte phyllo
1 branche de romarin

La sauce :

2 c. à soupe de vin blanc
2 c. à soupe de vinaigre de vin blanc
60 ml (1/4 de tasse) de jus de pomme
   pur
60 ml (1/4 de tasse) de porto
500 ml (2 tasses) de fond brun
   (voir recette)
sel♥ et poivre, au goût

♥ Ne pas mettre de sel.

♥ ♥ Pour les grandes occasions.

Préparation : Chauffer l'huile dans un poêlon à feu moyen, ajouter l'ail et les échalotes, cuire 1 minute. Ajouter les champignons et sauter à feu fort de 8 à 10 minutes afin de bien cuire et d'évaporer complètement l'eau des champignons. Ajouter l'arrow-root, bien mélanger. Ajouter le bouillon et le lait et cuire à feu moyen environ 5 minutes en brassant pour obtenir une belle consistance crémeuse. Assaisonner. Refroidir l'appareil. **La sauce :** Dans une petite casserole, faire une réduction de moitié avec le vin blanc, le vinaigre, le jus de pomme et le porto. Ajouter le fond brun et réduire de nouveau jusqu'à la consistance d'une demi-glace. Assaisonner. Garder au chaud. **Les feuilletés :** Préchauffer le four à 200°C (400°F). Plier une feuille de pâte phyllo en quatre et la déposer dans un moule à muffin. Déposer le mélange de champignons refroidi dans la pâte et refermer en forme de baluchon. Façonner ainsi les 6 feuilletés. Cuire au four pendant 10 à 15 minutes. Napper le tour de l'assiette avec la sauce et déposer le feuilleté au centre. Garnir d'une branche de romarin.

Vins coups de cœur : Vin blanc, chardonnay de Californie
Vin rouge de Buzet, France

Pour 4 personnes

Ingrédients :

La sauce :
250 ml (1 tasse) de crème sûre faible en m.g.
1 trait de pâte de piments (harissa) ou de tabasco
1 petit concombre non pelé coupé en petits dés
sel♥
1 c. à soupe d'aneth frais ou de fenouil, haché

Le saumon :
1 lime ou 1 citron pressé
1 peu de pâte de piments (harissa) ou de tabasco
4 darnes de saumon frais de 2,5 cm (1 po) d'épaisseur
1 lime ou 1 citron coupé en fines rondelles

♥ **Ne pas mettre de sel.**

Recette tirée du livre Le guide du parfait braiseur.

Préparation : Dans un bol moyen, préparer la sauce en mélangeant la crème sûre et un peu de pâte de piments. Incorporer au mélange les dés de concombre, le sel et l'aneth. Réserver. Dans un autre bol, pimenter le jus de lime ou de citron d'un peu de harissa ou de tabasco. Sur feu vif, poser les darnes sur la grille préalablement huilée et asperger régulièrement du jus de lime pimenté. Griller jusqu'à ce que la chair devienne opaque. Dresser dans les assiettes, garnir de rondelles de citron et accompagner de la sauce à la crème sûre.

Vins coups de cœur : Vin blanc, sauvignon du Chili
Vin blanc du Frioul, Italie

Louise et Michel Beaulne

Mousse au crabe

Pour 10 personnes

Ingrédients :

175 g (6 oz) de chair de crabe frais
375 ml (1 1/2 tasse) de crème sûre
   faible en m.g.
2 c. à soupe d'oignon blanc, haché
   finement
3 c. à soupe de persil frais, haché
1/4 de c. à thé de poivre du moulin
2 c. à soupe de ciboulette fraîche,
   ciselée finement
1 enveloppe de gélatine
2 c. à soupe d'eau froide
persil

Préparation : Réserver 1 c. à soupe de chair de crabe pour la garniture. Dans un bol en verre, combiner la chair de crabe, la crème sûre, l'oignon, le persil, le poivre et la ciboulette. Dans une petite casserole, faire fondre la gélatine dans l'eau froide, puis la réchauffer à feu doux. L'incorporer à la mousse en pliant, puis bien mélanger. Réfrigérer environ 3 heures. Avant de servir, garnir de la chair de crabe réservée et d'un peu de persil. Servir sur des tranches de concombre ou des biscottes.

Vins coups de cœur : Vin blanc, sylvaner d'Alsace
                          Vin blanc de Saumur, Loire

Pour 4 personnes

Ingrédients :

La vinaigrette :
2 à 4 c. à soupe d'eau
1 belle grosse mangue, pelée et coupée
   en dés (1 1/2 tasse)
60 ml (1/4 de tasse) de jus de limette
   frais
1/2 c. à thé de gingembre frais, râpé
1 pincée de sel♥
1/2 c. à thé de graines de pavot

La salade :
454 g (1 livre) de pétoncles frais
1/4 de c. à thé de sel♥
poivre du moulin
1 c. à thé d'huile de canola (facultatif)
500 g (8 tasses) d'épinards en paquet
   (Baby spinach)
1 oignon rouge coupé en tranches fines
   (1 tasse)
25 g (1/4 de tasse) de pacanes
   (facultatif)
2 c. à soupe de sucre (facultatif)
3 c. à soupe d'eau (facultatif)
Pam en aérosol

♥ **Ne pas mettre de sel.**

Préparation : **La vinaigrette :** Mélanger le tiers des dés de mangue, le jus de limette, le gingembre et le sel au robot ou au mélangeur. Ajouter l'eau progressivement jusqu'à l'obtention d'une belle purée lisse. Ajouter les graines de pavot. Réserver.
La salade : Saler et poivrer légèrement les pétoncles. Les sauter 2 minutes de chaque côté dans un poêlon antiadhésif (avec ou sans l'huile). Retirer du poêlon. Garnir 4 assiettes avec les épinards. Disposer les pétoncles sur les épinards, puis le reste des dés de mangue et les tranches d'oignon rouge. Ajouter la vinaigrette et les pacanes. **Facultatif :** Dans une petite casserole, faire un sirop avec le sucre et l'eau. Amener à ébullition, retirer du feu et ajouter les pacanes. Étendre ce mélange sur une plaque enduite de Pam et cuire au four à 180°C (350°F) pendant 10 minutes. Retirer immédiatement de la plaque, déposer sur un papier d'aluminium enduit de Pam et laisser refroidir, puis concasser grossièrement. Saupoudrer sur la salade.

Louise et Michel Beaulne

Thon grillé et salsa au basilic frais

Pour 4 personnes

Ingrédients :

4 portions de thon frais de 150 g
   (5 1/2 oz) de 2,5 cm (1 po) d'épaisseur
   chacune
1 c. à soupe d'huile d'olive
sel ♥ et poivre au goût

La salsa :
2 tomates fraîches pelées, épépinées
   et coupées en dés
20 feuilles de basilic frais, émincées
2 gousses d'ail dégermées et émincées
1 c. à soupe d'huile d'olive
2 c. à soupe de jus de citron
1 c. à soupe de vinaigre de vin rouge
sel ♥ et poivre du moulin

♥ *Ne pas mettre de sel.*

Préparation : Enrober le thon d'un peu d'huile d'olive, assaisonner et cuire au barbecue sur une grille très chaude, 2 minutes de chaque côté, en pivotant pour obtenir un joli quadrillage. Ne pas trop cuire le thon afin de conserver son moelleux. Servir avec la salsa et accompagner d'un bon riz basmati. **La salsa :** Bien mélanger tous les ingrédients.

Vins coups de cœur :   Vin rouge de Juliénas, Beaujolais
                            Vin rouge de la Rioja, Espagne

Pour 4 personnes

Ingrédients :

4 grosses pommes de terre
125 ml (1/2 tasse) de lait chaud
  (écrémé)
1 tête d'ail cuite au four (voir recette)
1 c. à soupe d'huile d'olive
sel♥ et poivre
4 filets de morue
250 ml (1 tasse) de fond de veau
  (voir recette)

♥ **Ne pas mettre de sel.**

♥ **Calculer 1 féculent.**

Préparation : Cuire les pommes de terre, bien les égoutter et en faire une purée en y incorporant le lait chaud, l'ail et l'huile. Saler et poivrer. Dans un poêlon antiadhésif, faire dorer la morue environ 3 minutes de chaque côté. Réserver. Dans une petite casserole, réchauffer le fond de veau. Déposer la purée au centre de l'assiette, dresser la morue sur la purée et entourer du fond de veau.

Vins coups de cœur : Vin blanc, muscadet
Vin rouge de Saumur, Loire

Louise et Michel Beaulne

Pour 4 personnes
Ingrédients :

4 tranches d'espadon frais de 150 g
(5 oz) et 2,5 cm (1 po) d'épaisseur,
sans la peau

La marinade :
125 ml (1/2 tasse) de Saint-Raphaël
rouge
2 c. à soupe d'huile
2 oignons verts émincés
1 gousse d'ail dégermée et broyée
25 g (1/2 tasse) de basilic frais, ciselé
1 c. à soupe de persil frais, haché
1 citron pressé
sel♥ et poivre du moulin

♥ *Ne pas mettre de sel.*

Préparation : Mélanger tous les ingrédients de la marinade et laisser macérer l'espadon au réfrigérateur au moins 1 heure en le retournant souvent. Faire griller l'espadon à feu moyen en le badigeonnant régulièrement de marinade. Ne pas trop cuire pour ne pas dessécher.

Conseil : Vous pouvez servir l'espadon accompagné d'une bonne salade d'épinards frais.

Vins coups de cœur : Vin rouge, Côtes-du-Rhône-Villages
Vin rouge de Penedès, Espagne

Pour 4 personnes

Ingrédients :

24 gros pétoncles (10/12 la livre)
2 c. à soupe d'huile d'olive
40 g (2 tasses) de chanterelles fraîches
   ou d'autres champignons sauvages
2 échalotes grises hachées finement
1 grosse gousse d'ail dégermée
   et hachée finement
1 pincée de sel♥
poivre
125 ml (1/2 tasse) de vin blanc
500 ml (2 tasses) de bouillon de volaille
   (voir recette)
1 c. à thé de curry de bonne qualité
1 c. à thé de pâte de tomates
quelques feuilles de basilic

♥ **Ne pas mettre de sel.**

Préparation : Préchauffer le four à 200°C (400°F). Couper les pétoncles en 2 disques et sauter dans un poêlon antiadhésif très chaud, environ 30 secondes chaque côté. Retirer et réserver. Verser l'huile d'olive dans le même poêlon et sauter les chanterelles. Ajouter les échalotes grises, l'ail, le sel et le poivre et cuire environ 2 minutes. Retirer l'appareil du poêlon et réserver. Déglacer au vin blanc et réduire de moitié. Ajouter le bouillon de volaille, le curry et la pâte de tomates et réduire encore une fois de moitié. Pendant ce temps, déposer les chanterelles au centre de 4 grandes assiettes de façon à former un cercle. Dresser les pétoncles autour des champignons. Mettre au four 2 ou 3 minutes. Retirer et verser la sauce en fin ruban autour des champignons et des pétoncles. Garnir la sauce de basilic ciselé et décorer les pétoncles de quelques feuilles de basilic.

Vins coups de cœur : Vin blanc, pinot gris d'Alsace
                     Vin blanc, chardonnay d'Australie

Louise et Michel Beaulne

Homards grillés sauce thaï

Pour 6 personnes

Ingrédients :

6 homards de 600 à 700 g (1 1/4 à
    1 1/2 lb)

La sauce :
80 ml (1/3 de tasse) de sauce au poisson
    asiatique
80 ml (1/3 de tasse) de jus de limette
    frais
75 g (1/3 de tasse) de cassonade
3 c. à soupe d'eau
1 1/2 c. à thé de pâte chili asiatique
3 gousses d'ail dégermées
15 g (1/4 de tasse) de feuilles de
    coriandre fraîche
15 g (1/4 de tasse) de feuilles de
    menthe fraîche

3 limettes coupées en quartiers pour
    décorer

♥ Calculer 1 fruit.

Préparation : Faire bouillir les homards le matin, puis les refroidir pour les griller le soir. Dans un très grand faitout, plonger les homards 2 à la fois dans l'eau bouillante et cuire 3 minutes. Recommencer l'opération pour les autres. Retirer, bien égoutter dans une grande passoire et laisser refroidir. **La sauce :** Mélanger la sauce au poisson, le jus de limette, la cassonade, l'eau et la pâte chili. Émincer l'ail et l'ajouter au mélange. Recouvrir et réserver au réfrigérateur. **Les homards :** Pour chaque homard, casser les pinces et couper la queue en deux en conservant la carapace. Préparer la grille du barbecue. Émincer la coriandre et la menthe et les ajouter à la sauce. Utiliser le quart de la sauce pour badigeonner les queues de homards. Griller les pinces à 12 à 15 cm (5 ou 6 po) des charbons, à couvert, en tournant de temps à autre pendant 5 minutes, puis réserver sur un plat de service. Badigeonner les queues et cuire le côté coupé sur la grille, en continuant de badigeonner, pendant environ 6 minutes, ou jusqu'à ce que la chair soit opaque. Servir avec la sauce thaï et un bon riz. Décorer des quartiers de limette.

Rendement : 1 litre (4 tasses)

Ingrédients :

1 poulet fermier ou 1 poule à bouillir
2 oignons moyens
2 carottes moyennes
4 branches de céleri
1 tête d'ail coupée en deux
  et dégermée
1 bouquet garni
1 c. à thé de poivre fraîchement moulu

Préparation : Couper le poulet en morceaux et les mettre dans une grande marmite. Bien recouvrir d'eau. Ajouter tous les autres ingrédients et laisser mijoter environ 2 heures. Passer le poulet et les légumes en conservant le bouillon et le contenu de la passoire. Refroidir et réfrigérer le bouillon pendant 24 heures afin de pouvoir bien le dégraisser. Désosser les morceaux de poulet, jeter la peau et les os et garder le poulet pour la soupe ou un autre usage.

Conseil : Cette préparation vous paraît peut-être laborieuse, mais elle est tellement meilleure pour la santé, et elle nous rappelle de bons souvenirs de la cuisine de nos grands-mères.

Louise et Michel Beaulne

Fond brun

Rendement : 1 litre (4 tasses)

Ingrédients :

Première étape :

3 kg (6 lb) d'os de veau concassés (avec viande) ou de carcasses de canard, faisan, caille (avec viande)
2 oignons hachés grossièrement
2 grosses carottes coupées en rondelles
500 ml (2 tasses) de vin blanc
1 tête d'ail complète coupée en deux
2 feuilles de laurier
10 grains de poivre noir entiers

Deuxième étape :

1 grosse carotte en rondelles
1 oignon moyen émincé
10 grains de poivre noir entiers
2 c. à soupe d'huile de canola
180 ml (3/4 de tasse) de vin blanc
125 ml (1/2 tasse) de pâte de tomates

Préparation : **Première étape :** Préchauffer le four à 230°C (450°F). Dans une grande marmite, brunir les os ou les carcasses au four pendant 1 heure ou plus afin de bien brunir. Mettre le tout dans une grande casserole et couvrir d'eau. Combiner tous les autres ingrédients dans la première marmite. Les faire revenir sur le feu. Déglacer au vin blanc et bien gratter le fond de la marmite. Transvider le contenu dans la casserole contenant les os et l'eau. Laisser mijoter pendant 90 minutes, puis filtrer. Refroidir à la température de la pièce et placer au réfrigérateur. **Deuxième étape :** Dans un grand poêlon, sauter les carottes, l'oignon et le poivre dans l'huile de canola. Déglacer au vin blanc et réduire de moitié. Sortir la première préparation du réfrigérateur, en retirer tout le gras et toutes les impuretés, puis la remettre à mijoter (ne jamais bouillir). Ajouter le contenu du poêlon (la deuxième préparation) et la pâte de tomates, puis laisser mijoter environ 45 minutes. Refroidir à la température de la pièce et réfrigérer. Après 24 heures, très bien dégraisser et congeler en petites portions.

Conseil : En préparant vos fonds, vous pouvez contrôler le gras, le sel, le sucre et les féculents indésirables souvent employés dans les sauces commerciales. Ne salez jamais vos fonds.

Fond blanc

Préparation : Pour un fond blanc, utiliser les mêmes ingrédients et procéder de la même façon que pour le fond brun, mais sans faire rôtir les os ou les carcasses au début.

Poulet au curry et chutney de Patrick, notre bras droit

Pour 2 personnes

Ingrédients :

2 poitrines de poulet de grain
 désossées
sel ♥ et poivre au goût
2 c. à thé d'huile de canola ou juste
 assez pour enduire le poêlon
1/2 c. à thé d'ail dégermé et émincé
60 ml (1/4 de tasse) de vin blanc
60 ml (1/4 de tasse) de bouillon de
 volaille maison (voir recette)
125 ml (1/2 tasse) de fond brun
 (voir recette)
1 c. à thé de curry

♥ **Ne pas mettre de sel.**

♥ **Ne pas dépasser 2 c. à soupe et calculer
 1 fruit.**

Préparation : Assaisonner les poitrines de sel et de poivre. Sauter au poêlon antiadhésif très légèrement enduit d'huile de canola et brunir à feu moyen quelques minutes de chaque côté. Ajouter l'ail et déglacer avec le vin blanc. Réduire l'appareil de moitié, puis ajouter le bouillon de volaille, le fond brun et le curry. Couvrir et laisser mijoter 10 minutes afin d'obtenir une belle consistance veloutée. Servir les poitrines sur le chutney ♥ (voir recette), napper de sauce au curry et accompagner de légumes et de riz basmati.

Vins coups de cœur : Vin blanc, riesling d'Alsace
 Vin rouge, sauvignon du Chili

Louise et Michel Beaulne

Rendement : 1 à 1,5 l (4 à 6 tasses)

Ingrédients :

230 g (1 tasse) de cassonade
500 ml (2 tasses) de vinaigre de cidre
1 gousse d'ail dégermée et émincée
1 citron pelé, coupé en petits cubes
40 g (1/3 de tasse) de gingembre
  cristallisé
2 c. à soupe de moutarde à l'ancienne
2 c. à thé de clou de girofle moulu
1/4 de c. à thé de poivre de Cayenne
1 c. à thé de sel♥
250 ml (1 tasse) d'eau
80 g (1/2 tasse) de raisins de Corinthe
2 poivrons rouges ou verts coupés en
  morceaux
2 oignons hachés
4 tomates de grosseur moyenne,
  épépinées et coupées en dés
  (2 tasses)
5 ou 6 pommes pelées et coupées en
  petits morceaux (4 tasses)

♥ **Ne pas mettre de sel.**

♥ **Ne pas dépasser 2 c. à soupe et calculer
  1 fruit.**

Préparation : Dans une casserole, mélanger la cassonade, le vinaigre de cidre, l'ail émincé, le citron, le gingembre cristallisé, la moutarde, le clou de girofle, le poivre de Cayenne et le sel. Porter à ébullition. Ajouter l'eau et le reste des ingrédients. Ramener à ébullition, puis laisser mijoter pendant 2 heures.

Magrets de canard glacés à l'érable

Pour 4 personnes

Ingrédients :

4 magrets de canard de Barbarie
   femelles
1 c. à soupe d'huile de canola

La sauce :
125 ml (1/2 tasse) de jus d'orange
2 c. à soupe de vinaigre de cidre
2 c. à soupe de vin blanc
1 c. à thé de sirop d'érable
1 c. à soupe de gingembre râpé
500 ml (2 tasses) de fond de canard ou
   de fond brun (voir recette)
1 gousse d'ail dégermée et hachée

La glace à l'érable :
1 c. à soupe de sirop d'érable
1 c. à thé de sauce soya légère
1 c. à soupe de gingembre
2 gousses d'ail dégermées et hachées

Préparation : **La sauce :** Dans une casserole, cuire le jus d'orange, le vinaigre de cidre, le vin blanc, le sirop d'érable et le gingembre râpé. Réduire de moitié. Ajouter le fond de canard et l'ail. Réduire de nouveau de moitié. **La glace à l'érable :** Bien mélanger tous les ingrédients. **Les magrets :** Préchauffer le four à 220°C (425°F). Bien badigeonner les magrets de glace à l'érable. Déposer les magrets côté viande sur une plaque enduite d'huile de canola. Cuire au four pendant 8 minutes en continuant de badigeonner la peau avec la glace. Ne pas trop cuire afin de garder le canard rosé. Servir coupé en aiguillettes et entouré de la sauce.

Vins coups de cœur :   Vin rouge de Bourgogne
                          Vin rouge, Cahors, France

Louise et Michel Beaulne

Pigeons de Clémentine en feuilles de chou

Pour 2 personnes

Ingrédients :

1 c. à soupe de raisins de Corinthe
1 c. à thé de cognac
1 c. à thé de porto
2 feuilles de chou frisé
2 pigeons de 400 g (14 oz) chacun
1 c. à thé d'huile d'olive
6 à 8 champignons de Paris hachés
   (1 tasse)
1 échalote grise hachée finement
1 gousse d'ail dégermée et hachée
   finement
200 g (1 tasse) de riz sauvage cuit au
   bouillon de volaille (voir recette)
180 ml (3/4 de tasse) de fond brun
   (voir recette)
sel♥ et poivre

♥ **Ne pas mettre de sel.**

Préparation : Faire mariner les raisins de Corinthe dans le cognac et le porto pendant 6 heures. Blanchir les feuilles de chou, bien les éponger et taillader la partie dure du centre. Réserver. Relever les suprêmes des pigeons et enlever la peau. Réserver. Chauffer l'huile d'olive dans un poêlon et sauter les champignons de Paris, l'échalote grise et l'ail environ 5 minutes. Ajouter les raisins marinés et le riz sauvage cuit. Sur chaque feuille de chou, déposer d'abord le mélange de riz puis 2 suprêmes par-dessus. Bien refermer les feuilles de chou et envelopper chacune dans une pellicule de plastique. Cuire à la vapeur 12 minutes (le pigeon doit être servi rosé). Dans une petite casserole, amener le fond brun à ébullition. Baisser le feu, assaisonner et réduire de moitié. Dans une grande assiette, déposer la sauce ainsi obtenue. Retirer la pellicule de plastique des feuilles de chou farcies et les déposer sur la sauce.

Vins coups de cœur : Vin rouge de la Loire
Vin rouge, merlot du Chili

Louise et Michel Beaulne

197

Pour 4 personnes

Ingrédients :

Les suprêmes :
4 suprêmes de faisan avec leur
   manchon (sans peau)
40 g (1/3 de tasse) d'amandes moulues
2 c. à soupe d'huile de canola

La sauce :
1 c. à thé de sirop d'érable
2 c. à soupe de vin blanc
2 c. à soupe de vinaigre de cidre
1 échalote grise émincée
375 ml (1 1/2 tasse) de fond brun ou
   de fond de gibier (voir recette)
sel ♥ et poivre

♥ **Ne pas mettre de sel.**

♥ **Pour le risotto, se limiter à 1/2 portion
   et calculer 2 féculents.**

Préparation : **Les suprêmes :** Préchauffer le four à 200°C
(400°F). Une fois leur peau retirée, saupoudrer les suprêmes
d'amandes moulues. Les saisir dans l'huile de canola à feu moyen
de 8 à 10 minutes, jusqu'à ce qu'ils soient croustillants et bien
dorés. Déposer sur un papier absorbant et bien égoutter. Cuire
ensuite au four de 10 à 15 minutes, selon la grosseur des
suprêmes. **La sauce :** Dans une petite casserole, combiner le sirop
d'érable, le vin blanc, le vinaigre de cidre et l'échalote. Amener à
ébullition puis laisser mijoter pour réduire de moitié. Ajouter le
fond brun, le sel et le poivre. Réduire à nouveau jusqu'à
consistance d'une sauce demi-glace. Servir sur un lit de risotto
d'orge perlé ♥ (voir recette).

Vins coups de cœur : Vin rouge de Chinon, Loire
                         Vin rouge, zinfandel, Californie

Cailles sur galettes de pommes de terre sauce aux poivrons doux

   Ingrédients et préparation au verso

 TVA

Cailles sur galettes de pommes de terre

Pour 4 personnes

Ingrédients :

Préparation : **Les galettes :** Au pinceau, badigeonner d'huile de canola le fond d'un poêlon antiadhésif. Dans un bol, bien mélanger la pomme de terre râpée, l'oignon, l'œuf, le sel et le poivre. Façonner 8 petites crêpes de 7,5 cm (3 po) de diamètre. Cuire à feu moyen dans le poêlon chaud. Bien dorer des 2 côtés. **Les cailles :** Préchauffer le four à 200°C (400°F). Découper les poitrines et les cuisses des cailles. Désosser les poitrines. Saler et poivrer les poitrines et les cuisses. Bien dorer à la poêle les poitrines, côté peau seulement, et les cuisses environ 3 minutes, le temps de rendre la peau croustillante. Réserver les poitrines sur un papier absorbant et laisser cuire les cuisses quelques minutes de plus de chaque côté. Les égoutter sur un papier absorbant. Disposer les poitrines, les cuisses et les galettes de pommes de terre sur une plaque et cuire au four pendant 4 minutes. Dans l'assiette, faire un montage en alternant galette et poitrine et en terminant avec les petites cuisses adossées sur le dessus du montage. Verser la sauce aux poivrons doux tout autour (voir recette).

Vins coups de cœur : Vin blanc, pouilly-fumé de la Loire
Vin rouge de Chiroubles, Beaujolais

Les galettes :
1 c. à thé d'huile de canola
1 grosse pomme de terre râpée
1 petit oignon émincé
1 œuf
sel♥ et poivre, au goût

Les cailles :
4 cailles extra grosses
sel♥ et poivre

♥ Ne pas mettre de sel.

Sauce aux poivrons doux

Rendement : environ 40 portions

Ingrédients :

Préparation : Passer tous les ingrédients au robot à haute vitesse pendant 2 minutes. Cuire à feu moyen et bien écumer pendant 10 minutes. Passer au chinois très fin. Refroidir.

Conseil : Vous pouvez conserver la sauce au frigo pendant 2 ou 3 semaines, ou encore la mettre au congélateur.

4 poivrons rouges
345 g (1 1/2 tasse) de sucre
125 ml (1/2 tasse) de vinaigre blanc
2 c. à soupe de jus de citron
1 enveloppe de certo liquide

♥ Ne pas dépasser la portion.

Louise et Michel Beaulne

Risotto d'orge perlé aux champignons

Pour 4 personnes

Ingrédients :

5 ou 6 beaux champignons,
   en quartiers
1 petit oignon haché
3 c. à soupe d'huile d'olive
400 g (2 tasses) d'orge perlé
1,125 ml (4 1/2 tasses) de bouillon
   de volaille (voir recette)
40 g (1/4 de tasse) de parmesan
   fraîchement râpé

Préparation : Dans une casserole moyenne, faire revenir les champignons et l'oignon dans l'huile d'olive. Verser l'orge et le bouillon de volaille d'un trait. Amener à ébullition et réduire la chaleur. Mijoter à feu très doux et à couvert pendant 40 minutes, jusqu'à ce que le liquide soit absorbé. Éteindre le feu et laisser gonfler l'orge 10 minutes dans la casserole couverte. Assaisonner de parmesan râpé.

Conseil : Ce plat peut être préparé d'avance et réchauffé au four micro-ondes sans problème.

Râbles de lapereau aux agrumes

Pour 4 personnes

Ingrédients :

2 lapins moyens désossés
2 c. à soupe d'huile végétale
500 ml (2 tasses) d'eau
1 feuille de laurier
10 baies de genièvre
1 c. à thé d'huile végétale
poivre blanc, au goût
60 ml (1/4 de tasse) de jus d'orange
   frais
2 c. à soupe de vinaigre de vin
125 ml (1/2 tasse) de vin blanc
1 c. à thé d'huile végétale

Préparation : Séparer les cuisses et les râbles des lapins. Conserver les râbles au réfrigérateur. **Les cuisses :** Les cuisses se préparent 24 heures à l'avance. Préchauffer le four à 180°C (350°F). Chauffer 2 c. à soupe d'huile végétale dans un poêlon et y sauter les cuisses. Les transférer dans une cocotte. Ajouter l'eau, le laurier et les baies de genièvre. Couvrir et cuire au four pendant 1 1/4 heure. Ajouter de l'eau si nécessaire. Sortir du four et réfrigérer 24 heures dans le jus. Le lendemain, retirer les cuisses de leur jus et bien les éponger. Réserver. **Les râbles :** Au poêlon, colorer les râbles dans 1 c. à thé d'huile végétale, à feu vif 2 ou 3 minutes. Retirer et réserver. Déglacer avec le jus d'orange, le vinaigre de vin et le vin blanc. Réduire de moitié. Remettre les râbles et les cuisses dans la réduction à l'orange. Poursuivre la cuisson jusqu'à ce que les râbles soient rosés (6 à 8 minutes). Tailler les râbles en médaillons et servir accompagnés des cuisses et de la sauce.

Vins coups de cœur : Vin blanc de Chablis
Vin rouge de Buzet, France

Jarret d'agneau et sa ratatouille au basilic frais

Pour 6 personnes

Ingrédients :

6 jarrets d'agneau du Québec
3 c. à soupe d'huile de canola
1 gros oignon émincé
1 grosse carotte coupée en gros
   morceaux
1 tête d'ail coupée en deux
10 branches de thym frais
2 branches de céleri, coupées en gros
   morceaux
1 c. à soupe de grains de poivre noir
500 ml (2 tasses) de vin rouge
1 feuille de laurier

Préparation : Préchauffer le four à 150°C (300°F). Dans un grand poêlon, sauter les jarrets dans l'huile de canola chaude. Les déposer dans une grande lèchefrite et cuire au four pendant 20 minutes. Jeter l'excès d'huile du poêlon et y saisir l'oignon, la carotte, l'ail, le thym, le céleri et le poivre noir. Déglacer au vin rouge et réduire de moitié. Sortir la lèchefrite du four, y ajouter la préparation de légumes et la feuille de laurier. Bien recouvrir d'un papier d'aluminium et renfourner. Laisser cuire pendant 3 heures. Vérifier la tendreté de la viande avec la pointe d'un couteau et cuire davantage si nécessaire. Sortir du four et terminer la cuisson sur le feu afin de réduire la sauce pour qu'elle adhère bien aux jarrets. Bien filtrer la sauce. Déposer les jarrets dans les assiettes chaudes, entourer de la sauce et servir avec une bonne ratatouille au basilic frais (voir recette).

Vins coups de cœur : Vin rouge du Médoc
Vin rouge, merlot de Californie

Ratatouille au basilic frais

Pour 6 personnes

Ingrédients :

1 gros navet
1 poivron rouge
1 poivron vert
6 branches de céleri
2 courgettes
8 à 10 oignons perlés frais (1 tasse)
1 aubergine moyenne
2 c. à soupe d'huile d'olive première pression de bonne qualité
250 ml (1 tasse) de bouillon de volaille maison (voir recette)
10 branches de thym frais
1 paquet de basilic frais, ciselé
1 c. à thé d'ail dégermé et émincé
8 à 10 petites tomates cerises (1 tasse)

Préparation : Peler le navet et le couper en cubes. Bien laver les poivrons, le céleri et les courgettes et les couper grossièrement. Peler les oignons. Laver l'aubergine et la couper en cubes. Réserver. Dans un grand faitout, chauffer l'huile d'olive à feu moyen et sauter le navet environ 5 minutes. Ajouter le bouillon de volaille, couvrir et cuire 2 ou 3 minutes en brassant régulièrement. Quand le navet est presque cuit, ajouter les poivrons, le céleri, les oignons, les courgettes, le thym et le basilic. Bien remuer. Cuire à feu vif environ 3 minutes pour attendrir les légumes. Ajouter l'ail et l'aubergine et cuire encore 2 ou 3 minutes. Rajouter un peu de bouillon de volaille si nécessaire. Incorporer les tomates cerises et cuire de nouveau 2 minutes. Assaisonner au goût.

Louise et Michel Beaulne

Aiguillettes de cerf de la Ferme Rocs d'Hudson

Pour 4 personnes

Ingrédients :

4 aiguillettes de cerf de 120 g (4 oz)
    chacune
1 c. à thé d'huile d'olive

La sauce :
2 c. à soupe de raisins de Corinthe
    (frais si possible)
2 c. à soupe de brandy
2 c. à soupe de porto
2 c. à soupe de vinaigre de cidre
250 ml (1 tasse) de fond brun
    (voir recette)

Préparation : Préchauffer le four à 220°C (425°F). Dans un poêlon, saisir les morceaux de cerf dans l'huile. Déposer les aiguillettes sur une plaque et terminer la cuisson dans le four, environ 5 minutes afin de garder la viande saignante. Cette viande étant très maigre, il est préférable de ne pas trop la cuire, car elle pourrait raidir.
La sauce : Enlever l'excès d'huile du poêlon, ajouter les raisins, le brandy, le porto et le vinaigre de cidre. Réduire de moitié. Ajouter le fond brun et réduire en demi-glace. Napper de sauce 4 assiettes chaudes et y déposer les aiguillettes de cerf. Servir avec du riz sauvage.

Vins coups de cœur : Vin rouge de Pomerol
Vin rouge, cabernet sauvignon
    de Californie

Louise et Michel Beaulne

Pour 4 personnes

Ingrédients :

4 belles côtes de veau écolait (Provini)
    de 2,5 cm (1 po) d'épaisseur chacune
2 c. à soupe d'amandes moulues
un peu d'huile

La sauce :

2 c. à soupe de vin blanc
60 ml (1/4 de tasse) de porto
250 ml (1 tasse) de fond de veau
    (voir recette)
30 g (1 oz) de fromage gorgonzola
sel♥ et poivre

♥ **Ne pas mettre de sel.**

♥ ♥ **Pour les grandes occasions.**

Préparation : Préchauffer le four à 200°C (400°F). Saupoudrer les côtes de veau d'amandes moulues et brunir au poêlon antiadhésif enduit de très peu d'huile. Continuer la cuisson au four pendant 10 à 12 minutes. Retirer du four et garder au chaud. Cette viande doit être servie légèrement rosée.
La sauce : Déglacer le même poêlon avec le vin blanc et le porto. Réduire de moitié. Ajouter le fond de veau et réduire de nouveau de moitié. Ajouter le fromage gorgonzola et laisser fondre en brassant. Assaisonner. Servir avec des champignons sauvages cuits dans un peu d'huile d'olive légèrement aromatisée d'ail.

Vins coups de cœur : Vin rouge de Chianti, Toscane
Vin rouge, dolcetto d'Alba, Italie

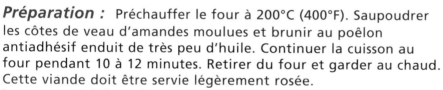

Louise et Michel Beaulne

Carbonnade à la Maudite

Pour 6 personnes

Ingrédients :

3 oignons coupés en petits dés
2 branches de thym
3 feuilles de laurier
un peu d'huile
700 g (1 1/2 lb) de bœuf en cubes
sel♥ et poivre
1 bouteille de bière Maudite
250 ml (1 tasse) de demi-glace
   (voir recette)
2 tranches de pain coupées en dés
1 c. à soupe de moutarde de Dijon

La demi-glace :

2 c. à soupe de vin blanc
2 c. à soupe de vinaigre de cidre
1 échalote grise émincée
375 ml (1 1/2 tasse) de fond brun ou
   de fond de gibier (voir recette)
sel♥ et poivre

♥ **Ne pas mettre de sel.**

**Recette de notre ami Olivier Sadones de
l'Auberge Edelweiss, à Val David.**

Préparation : Dans une casserole, faire suer les oignons, le thym et le laurier dans un peu d'huile. Sauter le bœuf dans une poêle, bien colorer, assaisonner et transférer dans la casserole. Réserver.
La demi-glace : Déglacer la poêle avec le vin blanc, le vinaigre de cidre et l'échalote grise. Ajouter le fond brun, le sel et le poivre. Amener à ébullition puis laisser mijoter pour réduire de moitié, ou jusqu'à consistance d'une sauce demi-glace. Mouiller les cubes de bœuf avec la Maudite et la demi-glace. Ajouter les dés de pain et la moutarde de Dijon. Laisser mijoter à feu doux 2 ou 3 heures. Assaisonner au goût. Servir avec des pommes de terre ou des pâtes.

Pour 4 personnes

Ingrédients :

Les poires au cassis :
4 petites poires coupées en deux,
   pelées et nettoyées
80 ml (1/3 de tasse) de sirop de cassis
2 c. à soupe de jus de citron frais
2 c. à thé de sucre
2 c. à thé de margarine
   non hydrogénée coupée en 8 petits
   morceaux

La crème vanillée :
500 g (2 tasses) de yogourt léger à
   la vanille
1 c. à soupe de sucre
1 c. à soupe de liqueur à l'orange

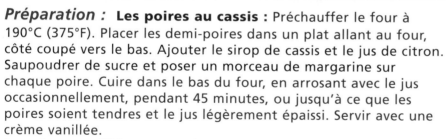

Préparation : **Les poires au cassis :** Préchauffer le four à
190°C (375°F). Placer les demi-poires dans un plat allant au four,
côté coupé vers le bas. Ajouter le sirop de cassis et le jus de citron.
Saupoudrer de sucre et poser un morceau de margarine sur
chaque poire. Cuire dans le bas du four, en arrosant avec le jus
occasionnellement, pendant 45 minutes, ou jusqu'à ce que les
poires soient tendres et le jus légèrement épaissi. Servir avec une
crème vanillée.
La crème vanillée : Laisser le yogourt s'égoutter dans un filtre à
café en papier pendant 1 heure au réfrigérateur, jusqu'à
l'obtention de 250 g (1 tasse). Dans un bol froid, mélanger le
yogourt, le sucre et la liqueur à l'orange. Servir immédiatement.

Conseil : Vous pouvez garder la crème vanillée au réfrigérateur
pendant 8 heures.

Louise et Michel Beaulne

Tarte Streusel aux pommes et aux canneberges

Pour 6 à 8 personnes
Ingrédients :

La croûte :
Pam en aérosol
160 g (1 tasse) de farine tout usage
1 c. à soupe de sucre
1/4 de c. à thé de sel♥
1 c. à soupe de margarine
   non hydrogénée
3 c. à soupe d'huile de canola
1 ou 2 c. à soupe d'eau froide

La garniture Streusel :
60 g (1/2 tasse + 1 c. à soupe) de gruau
80 g (1/2 tasse) de farine tout usage
55 g (1/4 de tasse) de cassonade
1 pincée de cannelle
2 c. à soupe d'huile de canola
1 c. à soupe de jus de citron frais

Les fruits :
55 g (1/4 de tasse) de sucre
3 c. à soupe de farine
7 ou 8 pommes pelées et sectionnées
   (6 1/2 tasses)
250 g (1 tasse) de canneberges fraîches
   ou congelées
le zeste et le jus d'un citron

♥ Ne pas mettre de sel.

Préparation : **La croûte :** Vaporiser de Pam une assiette à tarte à fond amovible de 22 cm (9 po). Dans un bol moyen, mélanger la farine, le sucre et le sel. Réserver. Dans une petite casserole, faire fondre la margarine à basse température. Laisser refroidir. Avec une fourchette, ajouter lentement l'huile de canola et la margarine aux ingrédients secs, jusqu'à consistance granuleuse. Ajouter 1 ou 2 c. à soupe d'eau froide et rouler la pâte. Presser le disque de pâte sur 2 feuilles de papier film et recouvrir de 2 autres feuilles. Rouler la pâte pour former un disque de 30 cm (12 po). Enlever les premières feuilles de papier film et renverser la pâte dans l'assiette à tarte préparée. Enlever les autres feuilles. Préchauffer le four à 180°C (350°F). **La garniture Streusel :** Combiner dans un bol le gruau, la farine, la cassonade et la cannelle. Ajouter l'huile de canola et le jus de citron et faire un mélange granuleux avec les doigts.
Les fruits : Dans un petit bol, mélanger le sucre et la farine. Dans un grand bol, mélanger les pommes, les canneberges, le zeste et le jus de citron. Saupoudrer le mélange sucre et farine sur les fruits et bien mêler. Verser ce mélange dans la croûte et saupoudrer de la garniture au gruau. Cuire la tarte sur une plaque dans le bas du four 55 à 65 minutes. Pendant la cuisson, si le dessus devient trop foncé, recouvrir d'un papier d'aluminium.

Conseil : Cette croûte, si faible en gras, doit être roulée de préférence entre quatre feuilles de papier film.

Pour 10 personnes

Ingrédients :

La croûte :
300 g (10 oz) de biscuits à la cuillère
   (boudoirs, doigts de dame)
2 c. à soupe de margarine
   non hydrogénée fondue

La garniture :
500 g (2 tasses) de yogourt au citron
   léger
2 c. à soupe de fécule de maïs
250 ml (1 tasse) de egg beaters
475 g (2 tasses) de ricotta léger
250 g (9 oz) de fromage à la crème
   léger
1 enveloppe de poudre de citron sans
   sucre (Crystal Lite)
1 c. à thé de vanille
3 c. à soupe de sucre

♥ *Calculer 2 féculents.*

♥ ♥ ♥ *Pour les grandes occasions.*

Préparation : La croûte : Réduire les biscuits en miettes et bien les mêler avec la margarine fondue. En tapisser le fond d'un moule à charnière de 22 cm (9 po) et refroidir.
La garniture : Laisser le yogourt s'égoutter à travers un filtre à café en papier pendant 1 heure au réfrigérateur. Préchauffer le four à 160°C (325°F). Dans un bol, bien dissoudre la fécule de maïs dans le *egg beaters* en malaxant à vitesse moyenne. Ajouter le yogourt, la ricotta, le fromage à la crème, la poudre de citron, la vanille et le sucre. Bien incorporer le tout. Verser l'appareil dans le moule et cuire au centre du four pendant 50 minutes. Retirer le gâteau du four et laisser refroidir sur le comptoir pendant 1 heure. Réfrigérer. Servir avec un coulis de fraises sans sucre.

Louise et Michel Beaulne

Pudding au pain, au miel et au sucre brun

Ingrédients et préparation au verso

TVA

Pour 10 personnes

Ingrédients :

*200 g (1 tasse) de fruits secs mélangés
hachés (raisins, dattes, figues, etc.)*
*250 ml (1 tasse) de jus d'ananas
non sucré*
2 c. à thé de sucre brun
2 c. à thé de miel
1 œuf et 4 gros blancs d'œufs
*310 ml (1 1/4 tasse) de lait 2 % ou
écrémé*
*180 ml (3/4 de tasse) de lait évaporé
sans gras*
75 g (1/3 de tasse) de sucre brun
2 c. à thé de vanille pure
1/4 de c. à thé de cannelle
1 pincée de muscade
Pam en aérosol
*12 tranches de pain épaisses, coupées
en diagonale*
4 c. à thé de sucre brun

Préparation : Combiner les 4 premiers ingrédients dans une casserole. Amener à ébullition et cuire jusqu'à réduction à 250 ml (1 tasse) (environ 8 minutes). Retirer du feu. Combiner les blancs d'œufs et l'œuf dans un bol moyen et battre au fouet pour bien mêler. Ajouter les laits, les 75 g (1/3 de tasse) de sucre brun, la vanille, la cannelle et la muscade. Vaporiser de Pam un plat de 20 cm (8 po) allant au four. Y disposer la moitié des tranches de pain. Répandre également le mélange de fruits sur le pain. Mettre le reste des tranches de pain sur les fruits. Recouvrir le tout du mélange aux œufs. Saupoudrer des 4 c. à thé de sucre brun. Laisser reposer 20 minutes. Placer le plat dans une lèchefrite de 33 cm x 22 cm (13 po x 9 po), ajouter 2,5 cm (1 po) d'eau et cuire au four préchauffé à 180°C (350°F) pendant 45 minutes environ. Servir avec une crème anglaise.

Crème anglaise

Rendement : 500 ml (2 tasses)

Ingrédients :

430 ml (1 3/4 tasse) de lait 1 %
*1 gousse de vanille coupée en deux dans
le sens de la longueur et grattée
ou 2 c. à thé de vanille pure*
4 jaunes d'œufs
75 g (1/3 de tasse) de sucre♥

♥ *Réduire le sucre à 55 g (1/4 de tasse).
Calculer 1 féculent.*

♥ ♥ ♥ ♥ *Pour les grandes occasions.*

Préparation : Verser le lait dans une casserole. Ajouter la vanille. Cuire à feu moyen pendant 6 minutes (ne pas bouillir). Enlever la vanille, s'il s'agit de vanille en gousse bien entendu. Retirer du feu. Dans un bol, bien mélanger au fouet les jaunes d'œufs et le sucre. Ajouter graduellement le mélange de lait en brassant sans arrêt. Remettre le mélange dans la casserole et cuire à feu moyen en brassant sans arrêt au fouet, pendant 6 minutes, ou jusqu'à ce que le mélange recouvre le dos d'une cuillère. Vider dans un bol et recouvrir. Réfrigérer. Le mélange épaissira au froid et se conservera 3 jours au réfrigérateur.

TVA

Nuage aux framboises

Pour 10 à 12 personnes

Ingrédients :

Pam en aérosol
fécule de maïs
10 blancs d'œufs
1 pincée de crème de tartre ou
    1 pincée de sel♥
170 g (3/4 de tasse) de sucre blanc
1/2 c. à thé de vanille pure
1 c. à thé de vinaigre blanc
2 c. à thé de fécule de maïs
yogourt à la vanille

La sauce :
2 casseaux de framboises fraîches ou
    1 boîte de framboises surgelées
55 g (1/4 de tasse) de sucre
jus de citron

♥ Ne pas mettre de sel.

♥ Ne pas dépasser la portion. Calculer 1 fruit.

Recette tirée du livre Le guide du parfait braiseur.

Préparation : Vaporiser de Pam un moule à fond amovible de 22 cm (9 po) de diamètre et le fariner avec de la fécule de maïs. Préchauffer le four à 230°C (450°F). À l'aide d'ustensiles rigoureusement propres, sans quoi la meringue aura peine à prendre son envol, monter les blancs d'œufs à petite vitesse avec la crème de tartre ou le sel jusqu'à ce qu'ils soient mousseux. Les œufs n'aiment pas être brusqués, de la délicatesse ! Augmenter progressivement jusqu'à vitesse maximale. Commencer à ajouter le sucre, 1 c. à soupe à la fois, lorsque des pics se forment dans la meringue. Ajouter la vanille, le vinaigre blanc, la fécule de maïs et verser dans le moule. Placer au four préchauffé en fermant la porte hermétiquement. À ce moment-là, il faut éteindre le four. Le nuage doit séjourner 8 longues heures dans le four et cuire doucement dans la chaleur décroissante du purgatoire. Surtout, ne pas ouvrir le four pendant ces 8 heures.
La sauce : Combiner les framboises, le sucre et le jus de citron dans le mélangeur. Mixer jusqu'à l'obtention d'un coulis. Napper le gâteau de yogourt à la vanille. Servir les pointes de gâteau au centre de l'assiette, entourer d'un filet de coulis et décorer de framboises fraîches.

Fraises à la gelée de champagne

Pour 6 personnes

Ingrédients :

3 1/4 c. à thé de gélatine neutre
250 ml (1 tasse) d'eau froide
115 g (1/2 tasse) de sucre♥
1 bouteille (750 ml) de champagne sec
   ou de vin mousseux de bonne qualité
1 c. à soupe de sucre
900 g (3 casseaux) de fraises fraîches
   tranchées mince

♥ **Pour les grandes occasions. Réduire le
sucre à 55 g (1/4 de tasse).**

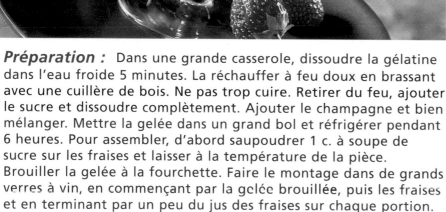

Préparation : Dans une grande casserole, dissoudre la gélatine dans l'eau froide 5 minutes. La réchauffer à feu doux en brassant avec une cuillère de bois. Ne pas trop cuire. Retirer du feu, ajouter le sucre et dissoudre complètement. Ajouter le champagne et bien mélanger. Mettre la gelée dans un grand bol et réfrigérer pendant 6 heures. Pour assembler, d'abord saupoudrer 1 c. à soupe de sucre sur les fraises et laisser à la température de la pièce. Brouiller la gelée à la fourchette. Faire le montage dans de grands verres à vin, en commençant par la gelée brouillée, puis les fraises et en terminant par un peu du jus des fraises sur chaque portion. Servir très froid.

Crème espagnole aux fruits

Pour 6 personnes

Ingrédients :

1 enveloppe de gélatine neutre
60 ml (1/4 de tasse) d'eau froide
2 œufs, blancs et jaunes séparés
3 c. à soupe de sucre
1/4 de c. à thé de sel ♥
500 ml (2 tasses) de lait 2 %
1 c. à thé de vanille pure
240 g (1 tasse) de petits fruits frais :
    fraises, framboises, bleuets

♥ *Ne pas mettre de sel.*

♥ *Calculer 1 fruit.*

Préparation : Dissoudre la gélatine dans l'eau froide. Réserver. Dans une casserole, battre les jaunes d'œufs. Réserver. Dans une autre casserole, mélanger le sucre, le sel et le lait et chauffer jusqu'au point d'ébullition. Verser sur les jaunes d'œufs battus et remettre sur feu moyen jusqu'à consistance un peu épaisse. Retirer du feu. Chauffer légèrement la gélatine pour la dissoudre, puis l'incorporer au mélange. Ajouter la vanille. Réserver. Battre les blancs d'œufs en neige. Quand le mélange des jaunes commence à prendre, incorporer les blancs d'œufs battus en neige, en pliant délicatement dans le mélange. Verser dans un moule décoratif. Recouvrir des fruits frais et, si désiré, d'un coulis de fruits frais.

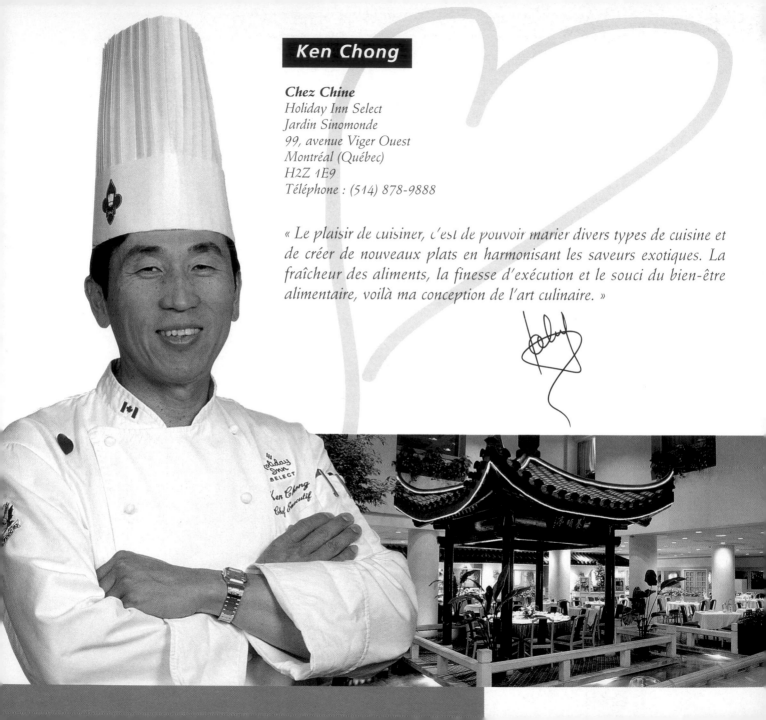

Ken Chong

Chez Chine
Holiday Inn Select
Jardin Sinomonde
99, avenue Viger Ouest
Montréal (Québec)
H2Z 1E9
Téléphone : (514) 878-9888

« *Le plaisir de cuisiner, c'est de pouvoir marier divers types de cuisine et de créer de nouveaux plats en harmonisant les saveurs exotiques. La fraîcheur des aliments, la finesse d'exécution et le souci du bien-être alimentaire, voilà ma conception de l'art culinaire.* »

Pour 4 personnes

Ingrédients :

150 g (3/4 de tasse) de riz à grains
   courts ou d'orge
2 l (8 tasses) d'eau froide
1 c. à soupe d'huile de canola
180 g (6 oz) de goberge à saveur
   de crabe
1 c. à soupe de vin de cuisine chinois
1 c. à thé de sauce soya légère
1 boîte (de 341 ml/12 oz) de maïs
   en grains
1 pincée de sel ♥
1 pincée de poivre blanc
coriandre fraîche

♥ **Ne pas mettre de sel.**

♥ **Prendre une petite portion et
   ne pas accompagner de pain.**

Préparation : Laver le riz et le faire tremper 30 minutes dans un faitout rempli de 2 litres (8 tasses) d'eau froide. Amener l'eau et le riz à ébullition, couvrir puis baisser le feu et laisser cuire pendant 20 à 25 minutes, ou jusqu'à ce que le riz soit tendre et collant. Réserver. Chauffer l'huile de canola dans un wok et sauter le goberge pour le colorer. Verser le vin de cuisine et la sauce soya. Bien mélanger, puis incorporer le riz collant et son eau de cuisson. Rincer le maïs en grains et l'ajouter. Saler et poivrer. Bien remuer et laisser cuire pendant encore une dizaine de minutes. Retirer du feu. Décorer de coriandre fraîche ciselée et servir.

Conseil : Si vous avez de la difficulté à vous procurer certains ingrédients, profitez de l'occasion pour aller faire un tour dans le quartier chinois de Montréal. Vous y trouverez tout ce dont vous avez besoin.

Soupe aux légumes

Pour 4 personnes

Ingrédients :

150 g (3/4 de tasse) de riz à grains
    courts
2 l (8 tasses) de fond de volaille
    (voir recette)
1 carotte moyenne
2 mini-bok choy
100 g (1 tasse) de champignons shiitake
    coupés
1/2 c. à soupe de vin de cuisine chinois
1 c. à soupe de sauce soya légère
1 c. à thé de sel♥
1 pincée de poivre blanc
1/2 laitue

♥ **Ne pas mettre de sel.**

♥ **Prendre une petite portion et
  ne pas accompagner de pain.**

Préparation : Laver le riz et le faire tremper 30 minutes dans une grande casserole remplie d'eau froide. L'égoutter, le remettre dans la casserole et verser le fond de volaille. Amener à ébullition, couvrir puis baisser le feu et laisser cuire pendant 20 à 25 minutes, ou jusqu'à ce que le riz soit tendre et collant. Pendant ce temps, râper la carotte et émincer les mini-bok choy. Les incorporer à la soupe, avec les champignons shiitake, le vin de cuisine, la sauce soya, le sel et le poivre blanc. Laisser mijoter 10 minutes. Émincer la laitue et la parsemer sur la soupe au moment de servir.

Pour 4 personnes

Ingrédients :

150 g (3/4 de tasse) de riz à grains
    courts
2 l (8 tasses) d'eau froide
2 petites carottes
1/2 poitrine de poulet sans peau
1 pincée de sel ♥
coriandre fraîche, ciselée
1 pincée de poivre blanc

♥ **Ne pas mettre de sel.**

♥ **Prendre une petite portion et
    ne pas accompagner de pain.**

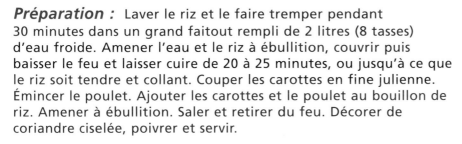

Préparation : Laver le riz et le faire tremper pendant
30 minutes dans un grand faitout rempli de 2 litres (8 tasses)
d'eau froide. Amener l'eau et le riz à ébullition, couvrir puis
baisser le feu et laisser cuire de 20 à 25 minutes, ou jusqu'à ce que
le riz soit tendre et collant. Couper les carottes en fine julienne.
Émincer le poulet. Ajouter les carottes et le poulet au bouillon de
riz. Amener à ébullition. Saler et retirer du feu. Décorer de
coriandre ciselée, poivrer et servir.

Pour 4 personnes

Ingrédients :

150 g (3/4 de tasse) de riz à grains
   courts
2 l (8 tasses) d'eau froide
1 pincée de sel♥
450 g (1 lb) de poisson au choix,
   dans le filet
1 petit morceau de racine
   de gingembre
2 oignons verts, coupés en rondelles
1 pincée de poivre blanc

♥ *Ne pas mettre de sel.*

Préparation : Laver le riz et le faire tremper pendant 30 minutes dans un grand faitout rempli de 2 litres (8 tasses) d'eau froide. Amener l'eau et le riz à ébullition, couvrir puis baisser le feu et laisser cuire de 20 à 25 minutes, ou jusqu'à ce que le riz soit tendre et collant. Saler et réserver. Trancher les filets de poisson en fines languettes. Râper le gingembre et le faire tremper dans de l'eau froide. Au moment de servir, placer les languettes de poisson dans le fond d'une soupière, parsemer de gingembre râpé et recouvrir du bouillon de riz brûlant. Décorer avec les rondelles d'oignon vert et poivrer.

Pour 4 personnes

Ingrédients :

1 poitrine de poulet désossée et
  sans peau
1/2 c. à thé de fécule de maïs
1 blanc d'œuf
1/4 de c. à thé de sel ♥
1 c. à soupe d'huile de canola
2 oignons verts hachés en fines
  rondelles
1 c. à soupe de gingembre haché menu
1 c. à soupe d'ail dégermé et haché
  menu
1 c. à soupe de piment rouge (chili)
  frais, haché finement
1 c. à soupe de vin de cuisine chinois
1 l (4 tasses) de fond de volaille
  (voir recette)

♥ *Ne pas mettre de sel.*

Préparation : Rincer le poulet et le trancher en fines languettes. Dans un grand bol, délayer la fécule de maïs dans le blanc d'œuf. Saler. Ajouter le poulet, bien brasser pour enrober et laisser reposer pendant 10 minutes. Chauffer l'huile de canola dans un wok. Y sauter les oignons verts, le gingembre, l'ail et le piment rouge pour en dégager l'arôme. Verser le vin de cuisine sur les côtés du wok, puis le fond de volaille et porter à ébullition. Ajouter le poulet, couvrir, éteindre le feu et laisser mijoter pendant 4 minutes. Prêt à servir.

Conseil : Le piment rouge (chili) est très fort. Vous devez prendre des précautions lorsque vous en utilisez. Après l'avoir coupé, lavez bien vos ustensiles et surtout vos mains, pour éviter tout risque de vous «brûler».

Salade de champignons Golden et de pousses de bambou

Pour 3 personnes

Ingrédients :

La vinaigrette :
1 c. à thé de sucre
2 c. à thé de vinaigre
1 c. à thé d'huile de sésame
2 c. à soupe d'eau froide
1/2 c. à thé d'huile de chili
1 pincée de sel♥

La salade :
90 g (3 oz) de champignons Golden
   ou de champignons de Paris entiers
le blanc d'un petit poireau
25 g (1/2 tasse) de coriandre
1 boîte (1 tasse) de pousses de bambou,
   égouttées et rincées
4 ou 5 oignons verts
1/2 poivron rouge

♥ *Ne pas mettre de sel.*

Préparation : **La vinaigrette :** Bien mélanger le sucre, le vinaigre, l'huile de sésame, l'eau froide, l'huile de chili et la pincée de sel.
La salade : Blanchir les champignons et le poireau. Ciseler la coriandre. Émincer les pousses de bambou, les oignons verts, le poireau blanchi et le poivron rouge. Dans un bol à salade, mélanger tous les ingrédients et ajouter la vinaigrette. Bien brasser et servir.

Mange-tout au gingembre

Pour 3 personnes

Ingrédients :

225 g (1/2 lb) de pois mange-tout
1 c. à soupe d'huile de canola
1/2 c. à soupe de gingembre frais,
   haché
1 c. à thé de pâte de haricots noirs
   (black bean paste)

Préparation : Rincer et équeuter les pois mange-tout. Les couper en morceaux de 2 cm (1 po). Chauffer l'huile de canola dans un wok et sauter le gingembre pour en dégager l'arôme. Ajouter les pois mange-tout et faire revenir à feu vif jusqu'à ce qu'ils soient croquants sous la dent. Incorporer la pâte de haricots noirs. Bien réchauffer le tout et dresser dans un plat de service.

Ken Chong

Ratatouille d'aubergine

Pour 2 personnes

Ingrédients :

600 g (1 1/3 lb) d'aubergine
150 g (5 oz) de choi-sam (chou chinois
  en fleurs)
2 piments rouges (chili)
2 c. à soupe d'huile de canola
1 pincée de sel ♥ ♥
1 c. à thé de sauce soya foncée ♥ ♥
1/2 c. à thé de sucre
250 ml (1 tasse) d'eau
quelques gouttes d'huile de sésame

♥ ♥ **Ne pas mettre de sel ni de sauce soya.**

Préparation : Préparer les légumes : rincer l'aubergine et la couper en gros morceaux ; rincer les feuilles de choi-sam et les émincer ; couper les piments en fines rondelles et en retirer les graines. Chauffer l'huile de canola dans un wok et sauter les piments et le choi-sam. Laisser cuire quelques minutes, le temps d'en dégager l'arôme. Ajouter l'aubergine, le sel, la sauce soya, le sucre, l'eau et l'huile de sésame. Amener à ébullition. Transférer le tout dans une grande marmite. Couvrir et laisser mijoter à feu doux jusqu'à ce que le liquide soit presque tout absorbé par les légumes. Servir bien chaud.

Conseil : Le piment rouge (chili) est très fort. Vous devez prendre des précautions lorsque vous en utilisez. Après l'avoir coupé, lavez bien vos ustensiles et surtout vos mains, pour éviter tout risque de vous «brûler».

Pour 4 personnes

Ingrédients :

4 ou 5 champignons noirs séchés
1 c. à soupe d'huile de canola
1 boîte (1 tasse) de mini-épis de maïs,
  rincés et égouttés
1 boîte (1 tasse) de pousses de bambou,
  égouttées, rincées et coupées
  en languettes
1 oignon vert, coupé en languettes
75 g (1 tasse) de ciboulette, coupée
  en morceaux de 2 cm (1 po)
1 c. à thé de gingembre frais, coupé
  en languettes
1/2 c. à thé de sucre
1 c. à thé de farine de maïs
1 1/2 c. à thé de sauce soya légère♥

♥ **Ne pas mettre de sauce soya.**

Préparation :   Faire tremper les champignons jusqu'à ce qu'ils soient gorgés d'eau. Les égoutter puis les couper en languettes. Chauffer l'huile de canola dans un wok. Sauter les champignons, les mini-épis de maïs, les pousses de bambou, l'oignon vert, la ciboulette et le gingembre. Saupoudrer les légumes de sucre et bien enrober. Répéter l'opération avec la farine de maïs. Mouiller avec la sauce soya. Servir les légumes sur un nid de vermicelle.

Ken Chong

Courge farcie

Pour 4 personnes

Ingrédients :

2 courges chinoises
3 champignons chinois séchés
200 g (7 oz) de porc haché
1 pincée de sel ♥
1/2 c. à thé d'huile de sésame
4 c. à thé de fécule de maïs

♥ *Ne pas mettre de sel.*

Préparation : Parer et nettoyer les courges. Les couper en 12 rondins de 3 cm (1 1/2 po) d'épaisseur et réserver. Faire tremper les champignons chinois dans de l'eau chaude pour les ramollir. Retirer les pieds et émincer les champignons. Dans un grand bol, combiner les champignons avec le porc haché, le sel, l'huile de sésame et 3 c. à thé de fécule de maïs. Retirer la partie dure du centre de chaque rondin et les farcir du mélange de porc. Disposer dans une assiette creuse supportant la chaleur. Recouvrir l'assiette d'une pellicule de plastique et la placer sur une casserole remplie au tiers d'eau bouillante. Cuire à feu moyen-fort pendant 8 minutes. Disposer les rondins farcis sur un plat de service. Réserver. Récolter le jus de cuisson, le chauffer dans une petite casserole et l'épaissir rapidement avec le restant de fécule de maïs délayée dans un peu d'eau. Verser cette sauce sur les courges et servir.

Vins coups de cœur : Vin blanc, muscadet
Vin rosé du Languedoc-Roussillon

Pour 3 personnes

Ingrédients :

150 g (5,5 oz) de bœuf tendre
1 c. à soupe d'huile de canola
1 c. à thé de sauce soya légère
1/2 c. à thé de sucre
1/2 c. à thé de vin de cuisine chinois ou
   de vin blanc
4 c. à thé d'eau
1 c. à thé de fécule de maïs
75 g (2,5 oz) de gai lon (brocoli chinois)
4 ou 5 tranches de gingembre frais
200 g (7 oz) de nouilles de farine de riz
   très larges (sha ho fen ou rice stick)
1 c. à soupe de sauce aux huîtres
1/2 c. à thé de poivre
1/2 c. à thé de sucre
un peu d'huile de sésame

Préparation : Couper le bœuf en tranches fines. Chauffer l'huile de canola dans une poêle et sauter le bœuf. Réserver. Combiner la sauce soya, le sucre, le vin de cuisine, 1 c. à thé d'eau et la fécule de maïs. Verser sur le bœuf. Cuire à feu vif en brassant pendant 10 minutes et réserver. Couper le gai lon en morceaux de 2 cm (1 po). Réserver. Faire tremper le gingembre dans de l'eau froide. Cuire les nouilles à l'eau bouillante pendant 5 minutes, bien égoutter. Incorporer au mélange de bœuf le gai lon, le gingembre, les nouilles, la sauce aux huîtres, le poivre, le sucre, le restant d'eau et l'huile de sésame. Cuire à feu vif en brassant sans arrêt. Servir fumant.

Ken Chong

Nouilles à la cantonaise

Pour 3 personnes

Ingrédients :

115 g (4 oz) de poitrine de canard
   du lac Brôme
1 c. à soupe d'huile de canola
150 g (5,5 oz) de légumes verts
   (pois mange-tout, céleri, poivron)
1 oignon vert
1 c. à thé de sauce soya légère
1/2 c. à thé d'huile de sésame
1/2 c. à thé de poivre
1 c. à soupe de fécule de maïs
150 g (5,5 oz) de nouilles aux œufs

♥ *Ne pas accompagner de pain.*

Préparation : Émincer le canard et le sauter dans l'huile de canola jusqu'à ce qu'il soit bien doré. Réserver. Hacher grossièrement les légumes verts et l'oignon et les faire revenir dans le même poêlon, juste le temps de les attendrir. Dans un bol, combiner la sauce soya, l'huile de sésame, le poivre et la fécule de maïs. Verser sur les légumes. Remettre le canard, bien mélanger le tout et réchauffer. Cuire les nouilles *al dente,* les égoutter et les dresser dans un plat de service. Présenter le canard aux légumes sur le lit de nouilles.

Ingrédients :

300 g (10 oz) de nouilles de riz minces
30 g (1 oz) de champignons chinois
   séchés
75 g (1 tasse) de ciboulette
12 champignons de Paris
2 poivrons rouges
3 branches de céleri
1 carotte
2 c. à soupe d'huile de canola
160 g (2 tasses) de fèves germées
2 c. à soupe de poudre de curry
250 ml (1 tasse) d'eau
1/4 de c. à thé de sel♥
1 c. à thé de sucre

♥ Ne pas mettre de sel.

Préparation : Faire tremper les nouilles dans de l'eau jusqu'à ce qu'elles soient molles. Réserver. Faire tremper les champignons chinois dans de l'eau chaude pour les ramollir, puis en retirer les pieds. Couper la ciboulette en morceaux de 2 cm (1 po). Tailler les champignons en tranches fines. Émincer les poivrons, le céleri et la carotte. Sauter le tout dans 1 c. à soupe d'huile de canola. Ajouter les fèves germées. Faire revenir quelques minutes. Débarrasser et réserver. Verser le reste d'huile dans le même poêlon et cuire le curry en brassant sans arrêt, pour en dégager l'arôme. Ajouter l'eau, le sel, le sucre et les nouilles. Laisser mijoter à feu doux. Ajouter les légumes sautés, bien mélanger et servir.

Ken Chong

Dumplings aux légumes

Pour 6 personnes

Ingrédients :

La farce :
1/2 boîte (1/2 tasse) de pousses
    de bambou, rincées et égouttées
125 g (2 tasses) d'épinards
1 carotte
12 champignons
1/2 c. à thé de sucre
1 pincée de poivre
1 goutte d'huile de sésame
1 c. à soupe de fécule de maïs

La pâte :
240 g (1 1/2 tasse) de farine Tong
    (chinese white flour)
250 ml (1 tasse) d'eau bouillante
1 c. à thé de margarine
    non hydrogénée

♥ *Ne pas accompagner de pain.*

Préparation : **La farce :** Nettoyer les légumes. Hacher les pousses de bambou et les épinards, râper la carotte et émincer les champignons. Dans un grand bol, combiner les légumes avec le sucre, le poivre, l'huile de sésame et la fécule de maïs. Bien mélanger pour faire la farce. **La pâte :** Mettre la farine Tong dans un bol, verser l'eau bouillante, ajouter la margarine et pétrir. Abaisser la pâte et en faire un long boudin. Découper en 30 morceaux. Abaisser chaque morceau pour en faire un rond. Mettre la farce au centre de chacun d'eux, rabattre la pâte et la pincer avec les doigts pour la sceller. Faire cuire les *dumplings* à la vapeur sur un feu chaud pendant 5 minutes. Servir.

Vins coups de cœur : Vin blanc, muscadet
Vin rouge de Côtes-du-Rhône

**Pour 6 personnes
(2 oreillers par personne)**

Ingrédients :

3 feuilles fraîches de tofu
320 g (4 tasses) de fèves germées
4 champignons chinois séchés
150 g (3 petits carrés) de tofu
2 c. à soupe d'huile de canola
1/2 boîte (1/2 tasse) de pousses
   de bambou, rincées, égouttées et
   coupées en fines languettes

Préparation : Couper chaque feuille de tofu en 4 morceaux. Mettre de côté. Nettoyer les fèves germées. Réserver. Faire tremper les champignons dans de l'eau chaude jusqu'à ce qu'ils soient mous. Les sécher et les couper en languettes. Réserver. Couper les carrés de tofu en languettes. Chauffer 1 c. à soupe d'huile de canola dans un wok. Sauter les pousses de bambou, les languettes de tofu et les champignons en brassant. Ajouter les fèves germées. Cuire à feu vif jusqu'à ce que les fèves soient tendres, puis réserver. Placer les feuilles de tofu sur une surface plane. À la cuillère, déposer un peu du mélange sur chaque feuille. Rouler pour donner la forme d'un oreiller. Donne 12 oreillers. Chauffer le reste d'huile de canola dans le wok, y placer les oreillers et les faire revenir à feu doux jusqu'à ce qu'ils soient dorés des 2 côtés.

Ken Chong

Sha Ho Fen au poisson

Pour 3 personnes

Ingrédients :

3 filets de poisson
   de 125 g (4 oz) chacun
1 c. à thé de fécule de maïs
1 blanc d'œuf
1/4 de c. à thé de sel♥
200 g (7 oz) de nouilles de farine de riz
   très larges (sha ho fen ou rice stick)
75 g (1 tasse) de ciboulette
6 oignons verts
1 c. à soupe d'huile de canola
1/3 de c. à thé de sucre
1/3 de c. à thé de poivre
1/3 de c. à thé d'huile de sésame
1 c. à soupe d'eau

♥ **Ne pas mettre de sel.**

Préparation : Couper les filets de poisson en languettes de 2 cm (1 po). Bien délayer la fécule de maïs dans le blanc d'œuf. Saler. Passer les languettes de poisson dans l'œuf battu et laisser reposer 15 minutes. Cuire les nouilles à l'eau bouillante pendant 5 minutes. Bien égoutter et réserver. Hacher la ciboulette et les oignons verts en morceaux de 2 cm (1 po). Chauffer l'huile de canola dans un wok et sauter le poisson à feu vif. Débarrasser et réserver. Faire revenir la ciboulette et les oignons verts dans le même poêlon. Incorporer le sucre, le poivre, l'huile de sésame et l'eau. Bien brasser. Ajouter les nouilles. Remuer en utilisant des baguettes. Remettre le poisson et bien mélanger le tout. Dresser dans un plat de service.

Pour 2 personnes

Ingrédients :

150 g (3 petits carrés) de tofu
1 c. à soupe d'huile de canola
1 oignon vert, haché finement
2 tranches de gingembre frais, hachées
   menu
1 gousse d'ail dégermée et hachée
   menu
50 g (2 oz) de viande hachée au choix
1 c. à soupe de pâte de fèves de soya
   piquante
1 c. à thé de sauce soya légère ♥
1 c. à thé de sucre
1 c. à thé de farine de maïs
1 c. à soupe d'eau

♥ *Pour les grandes occasions.*

♥ *Ne pas mettre de sauce soya.*

Préparation : Couper chaque carré de tofu en quatre. Réserver. Chauffer l'huile de canola dans un wok. Y sauter l'oignon vert, le gingembre, l'ail et la viande hachée pendant 3 minutes, le temps d'en dégager l'arôme. Ajouter la pâte de fèves de soya piquante, le tofu, la sauce soya et le sucre. Couvrir et faire cuire à feu vif pendant 4 minutes. Ajouter la fécule de maïs délayée dans l'eau et continuer de cuire jusqu'à consistance désirée.

Morue et tofu

Pour 2 personnes

Ingrédients :

1 darne de morue fraîche (8 oz) sans
   peau
100 g (2 carrés) de tofu
1 c. à thé d'huile de sésame
1 c. à thé de poivre Szechuan en grains
1 branche de céleri coupée en dés
1 oignon vert coupé finement
1 tranche de gingembre
2 gousses d'ail de grosseur moyenne,
   dégermées et hachées
1 c. à soupe de vin de cuisine chinois ou
   de vin blanc
1 c. à thé de sauce soya légère ♥
1 pincée de poivre blanc

♥ *Ne pas mettre de sauce soya.*

Préparation : Bien rincer le poisson. Couper le poisson et le tofu en cubes de 2 cm (1 po). Placer le tofu au fond d'une assiette et le poisson par-dessus. Placer l'assiette dans une marmite à vapeur et cuire pendant 8 minutes. Bien égoutter. Réserver. Dans un poêlon, chauffer l'huile de sésame. Y faire revenir les grains de poivre de Szechuan le temps d'en dégager l'arôme. Enlever le poivre et le jeter. Faire sauter le céleri, l'oignon vert, le gingembre et l'ail. Ajouter le vin de cuisine chinois, la sauce soya et le poivre blanc. Amener à ébullition, puis laisser mijoter quelques minutes. Dresser le poisson et le tofu dans un plat de service. Napper de la sauce.

Vins coups de cœur : Vin blanc, sylvaner d'Alsace
Vin blanc du Rhin, Allemagne

Bok choy farcis au loup de mer

Pour 4 personnes

Ingrédients :

1 oignon vert
2 tranches de gingembre frais
1 pincée de sel♥
1 c. à soupe de vin de cuisine chinois ou
    de vin blanc
1 c. à soupe de fécule de maïs
poivre
huile de sésame
1 filet de loup de mer (bar)
    de 150 g (5 1/2 oz)
12 feuilles de mini-bok choy
    de Shanghai
3 c. à soupe de farine de pommes
    de terre

♥ **Ne pas mettre de sel.**

Préparation : Hacher fin l'oignon vert et le gingembre. Les piler dans un peu d'eau. Ajouter le sel, le vin de cuisine, la fécule de maïs, le poivre et quelques gouttes d'huile de sésame. Hacher menu le filet de loup de mer et l'incorporer au mélange en brassant doucement à la fourchette. Réserver. Blanchir les feuilles de bok choy. Bien les assécher, puis les disposer dans une assiette creuse supportant la chaleur. Saupoudrer la base de chaque feuille de farine de pommes de terre et la farcir de la préparation de poisson. Recouvrir l'assiette d'une pellicule de plastique et la placer sur une casserole remplie au tiers d'eau bouillante. Cuire à feu moyen-fort pendant 6 minutes. Dresser dans une assiette, assaisonner et servir.

Vins coups de cœur : Vin blanc de Côtes-du-Rhône
Vin blanc, riesling d'Alsace

Ken Chong

Languettes de turbot aux fèves de soya

Pour 2 personnes
Ingrédients :

300 g (10 oz) de turbot
2 c. à thé de sauce soya légère
1 c. à soupe de farine de maïs
5 oignons verts
1 c. à soupe d'huile de canola
2 c. à soupe de pâte de fèves de soya
  douce
1/2 c. à thé de vin de cuisine ou
  de vin blanc
1 c. a thé de sucre

Préparation : Émincer le turbot en fines languettes et les mettre dans un grand bol. Incorporer 1 c. à thé de sauce soya et bien mélanger au poisson. Saupoudrer de farine de maïs et bien remuer pour enrober. Laisser reposer. Couper les oignons verts en fines languettes de 7 à 10 cm (3 ou 4 po) de long. Les faire tremper dans un bol d'eau glacée pendant 5 minutes pour qu'elles frisent. Égoutter et disposer dans un plat de service. Réserver. Chauffer l'huile de canola dans une assiette creuse déposée sur un faitout rempli au tiers d'eau bouillante (ou au bain-marie). Y mélanger le reste de sauce soya, la pâte de fèves de soya, le vin de cuisine et le sucre. Chauffer à feu vif en brassant pendant 2 minutes. Retirer du feu et ajouter le turbot. Réchauffer et couvrir d'une pellicule de plastique. Laisser cuire à feu moyen-fort pendant 4 minutes. Servir le turbot sur le nid d'oignons verts frisés.

Pour 3 personnes

Ingrédients :

300 g (10 oz) de chair de poisson blanc
3 ou 4 tranches de gingembre frais
3 oignons verts
2 c. à soupe de vin de cuisine chinois
fécule de maïs
1 c. à soupe d'huile de canola
1 c. à soupe de piment rouge (chili)
   haché
1 c. à soupe de sauce soya légère♥
3 c. à soupe de ketchup
4 c. à soupe d'eau
1 1/2 c. à thé de fécule de maïs
1 c. à soupe de pâte de haricots
   noirs piquante (hot black bean paste)
1 c. à soupe de sucre
feuilles de laitue

♥ **Ne pas mettre de sauce soya.**

Préparation : Rincer le poisson, le sécher avec un linge et le couper en morceaux. Réserver. Hacher menu le gingembre et 1 oignon vert. Dans un grand bol, mélanger 1 c. à soupe de vin de cuisine avec l'oignon vert haché et la moitié du gingembre. Ajouter les morceaux de poisson, bien remuer, puis laisser reposer pendant 10 minutes. Retirer les morceaux de poisson et les passer dans la fécule de maïs. Dans un wok, chauffer l'huile de canola, puis faire revenir les morceaux de poisson jusqu'à ce qu'ils soient bien dorés. Les retirer et les réserver. Dans ce qui reste d'huile de cuisson, sauter les 2 oignons verts restants coupés en fines rondelles, le reste du gingembre et le piment fort en brassant pour en dégager l'arôme. Verser le reste de vin de cuisine sur les côtés du wok, ajouter la sauce soya, le ketchup, l'eau, la fécule de maïs, la pâte de haricots noirs piquante et le sucre. Amener à ébullition, remettre les morceaux de poisson, cuire 1 minute. Retirer et déposer dans une assiette de service couverte de feuilles de laitue. Servir.

Carpe en losanges

Pour 4 personnes

Ingrédients :

1 kg (2,2 lb) de carpe dans la partie
   du centre
2 c. à soupe de vin de cuisine chinois ou
   de vin blanc
1 c. à thé de sauce soya légère
1 pincée de poivre blanc
1 oignon vert, coupé grossièrement
3 ou 4 tranches de gingembre frais,
   hachées menu
2 jaunes d'œufs battus
farine de patates douces
1 c. à soupe d'huile de canola
poivre au goût

♥ ♥ ♥ **Pour les grandes occasions.**

Préparation : Retirer la peau et les arêtes du poisson pour n'en garder que la chair. Couper le poisson en 4 portions. Y faire des entailles profondes en forme de losanges. Réserver. Bien mélanger le vin de cuisine, la sauce soya, le poivre blanc, l'oignon vert et le gingembre. Y faire mariner le poisson pendant 10 minutes. Retirer le poisson de la marinade, le badigeonner des jaunes d'œufs et le passer dans la farine de patates douces. Avec un pinceau, appliquer de la farine de patates sur les coupures pour les empêcher de coller et de détruire le motif de losanges. Chauffer l'huile de canola dans une poêle antiadhésive. Cuire le poisson à feu moyen, jusqu'à ce qu'il soit doré et croustillant. Le retirer et l'égoutter. Poivrer au goût. Dresser dans une assiette de service. Servir avec un bol de riz et un plat de légumes au goût.

Vins coups de cœur : Vin blanc du Penedès, Espagne
Vin blanc, sauvignon du Frioul, Italie

Ken Chong

Pour 2 personnes

Ingrédients :

200 g (7 oz) de filet de poisson à chair
   blanche (au choix)
125 ml (1/2 tasse) d'eau
1 pincée de sel♥
1 c. à thé de fécule de maïs
1 petit oignon
1 c. à soupe d'huile de canola
1 c. à thé de sauce soya légère
1 c. à thé de sucre
2 c. à soupe de poivre noir

♥ **Ne pas mettre de sel.**

Préparation : Couper le poisson en fines languettes. Dans un bol, combiner l'eau et le sel. Y jeter les languettes de poisson et remuer continuellement jusqu'à ce qu'elles aient absorbé toute l'eau. Ajouter la fécule de maïs et bien enrober. Laisser reposer 10 minutes. Hacher l'oignon. Chauffer l'huile de canola dans un wok. Faire rissoler le poisson à feu moyen, en tournant constamment jusqu'à ce qu'il soit cuit. Débarrasser et réserver. Faire suer l'oignon dans ce qui reste d'huile dans le wok. Ajouter la sauce soya, le sucre et le poivre noir. Porter à ébullition. Remettre le poisson et réchauffer 1 minute. Dresser dans un plat de service et accompagner de pois mange-tout au gingembre (voir recette).

Seiche aux cinq saveurs

Pour 3 personnes

Ingrédients :

3 seiches fraîches de 150 g (5 oz)
   chacune
2 oignons verts, hachés finement
3 tranches de gingembre frais,
   hachées menu
5 gousses d'ail dégermées
   et hachées finement
1 c. à soupe d'huile de canola
2 poivrons rouges émincés

La sauce :

1 c. à soupe d'huile de sésame
1 c. à soupe de vin blanc
1 c. à soupe de vinaigre
1 c. à thé de sauce soya légère
1 1/2 c. à thé de sucre

♥ ♥ ♥ *Pour les grandes occasions.*

Préparation : Retirer la tête, la queue et la peau de chaque seiche. Ouvrir le ventre et bien nettoyer. Faire des incisions sur le corps du mollusque, puis le couper en morceaux de 2 1/2 cm (1 po). Réserver. Amener la moitié d'une casserole d'eau à ébullition. Y jeter 1 oignon vert, 1 tranche de gingembre et 1 gousse d'ail. Blanchir les seiches et quand elles commencent à rouler, les retirer et les réserver. Chauffer l'huile de canola dans un poêlon et sauter les autres gousses d'ail, les poivrons rouges, l'oignon vert restant et le reste du gingembre 2 à 3 minutes à feu moyen-fort. Ajouter les seiches. Dresser dans un plat de service et réserver. **La sauce :** Chauffer légèrement l'huile de sésame et la mélanger avec le vin blanc, le vinaigre, la sauce soya et le sucre. Verser la sauce ainsi obtenue sur les légumes et les seiches.

Vins coups de cœur : Vin blanc, sauvignon du Frioul, Italie
                       Vin rouge, cabernet franc de la Loire

Pour 4 personnes

Ingrédients :

450 g (1 lb) de crevettes grises
1/4 de c. à thé de vin de cuisine chinois
ou de vin blanc
1 c. à soupe de farine de maïs
1 pincée de sel♥
2 c. à soupe d'huile de canola
1 oignon vert haché
1 c. à soupe de gingembre frais, haché
1 c. à soupe de sauce tomate

♥ **Ne pas mettre de sel.**

Préparation : Étêter, écailler, nettoyer, rincer et sécher les crevettes. Les trancher en deux dans le sens de la longueur. Réserver. Dans un grand bol, bien mélanger le vin de cuisine, la farine de maïs et le sel. Ajouter les crevettes et brasser pour bien enrober. Réserver. Chauffer l'huile de canola dans une casserole. Sauter l'oignon vert et le gingembre 3 minutes pour en dégager l'arôme. Ajouter les crevettes. Couvrir et chauffer à feu vif encore 3 minutes. Retirer la moitié des crevettes et les réserver. Incorporer la sauce tomate dans les crevettes qui restent dans la casserole. Dans une grande assiette, disposer face à face les crevettes poêlées et les crevettes à la tomate. Garnir le centre de la couronne de légumes verts au choix.

Vins coups de cœur : Pinot blanc d'Alsace
Vin blanc, viognier du Languedoc-
Roussillon

Ken Chong

Cuisses de grenouilles

Pour 3 personnes

Ingrédients :

La marinade :
1 pincée de sel♥
1 c. à soupe de vin de cuisine chinois
1 c. à thé d'huile de sésame
1 œuf
1 oignon haché finement
1 c. à soupe de fécule de maïs
1 c. à soupe de farine
2 tranches de gingembre

Les cuisses de grenouilles :
12 à 15 cuisses de grenouilles
115 g (1 tasse) de chapelure
1 c. à soupe d'huile de canola
5 feuilles de laitue
poivre de Szechuan en poudre

♥ **Ne pas mettre de sel.**

Préparation : Bien mélanger tous les ingrédients de la marinade. Nettoyer les cuisses de grenouilles, les couper en deux et les faire macérer pendant 10 minutes. Les sortir de la marinade, les passer dans la chapelure. Chauffer l'huile de canola dans la poêle et y sauter les cuisses jusqu'à ce qu'elles soient bien dorées. Les retirer et les éponger. Dresser les feuilles de laitue dans un plat de service, y déposer les cuisses de grenouilles et les assaisonner de poivre de Szechuan en poudre.

Vins coups de cœur : Vin blanc, Rueda, Espagne
Vin blanc, sauvignon d'Afrique du Sud

Pour 2 personnes

Ingrédients :

La marinade :

1 c. à thé de sauce soya légère
1 c. à thé de sucre
2 c. à thé de vin de cuisine chinois ou
   de vin blanc
2 blancs d'œufs
2 oignons verts hachés finement
3 tranches de gingembre hachées
   finement
2 gousses d'ail dégermées et hachées
   finement

Le poulet :

1 poitrine de poulet de 225 g (8 oz)
   désossée et sans peau
80 g (1/2 tasse) de farine
   de pommes de terre
1/4 de c. à thé de poivre noir moulu
1 c. à soupe d'huile de canola
4 feuilles de laitue

Préparation : Bien mélanger les ingrédients de la marinade. Couper le poulet en petits morceaux. Les faire macérer pendant 10 minutes au réfrigérateur. Sortir les morceaux de poulet de la marinade et les passer dans le mélange farine de pommes de terre et poivre. Faire chauffer l'huile de canola dans un wok. Saisir les morceaux de poulet des 2 côtés, puis laisser cuire à feu moyen environ 10 minutes. Dresser sur les feuilles de laitue.

Vins coups de cœur : Vin blanc, torrontes d'Argentine
Vin blanc du Penedès, Espagne

Pour 2 personnes

Ingrédients :

8 champignons noirs séchés
1 poitrine de poulet désossée et
  sans peau
1 blanc d'œuf
1 c. à soupe de fécule de maïs
1 c. à soupe d'huile de canola
1/2 poivron rouge émincé
1/2 poivron vert émincé
2 tranches de gingembre
2 oignons verts, coupés en fines
  tranches
1 c. à thé de sucre
1/2 c. à thé de vinaigre
1/3 de c. à thé de poivre

Préparation : Faire tremper les champignons noirs pendant 2 heures, les rincer et les couper en languettes. Réserver. Couper le poulet en languettes. Mélanger le blanc d'œuf et la fécule de maïs. En enrober les languettes de poulet et laisser reposer 10 minutes. Chauffer l'huile de canola dans un wok. À feu très vif, sauter d'abord les languettes de poulet pendant quelques minutes. Ajouter les champignons, les poivrons, le gingembre et les oignons verts. Cuire en brassant constamment, juste le temps d'attendrir les légumes. Enfin, ajouter le sucre, le vinaigre et le poivre. Bien remuer et servir.

Vins coups de cœur : Vin blanc, chardonnay du Chili
Vin rouge de Mancha, Espagne

Pour 3 personnes

Ingrédients :

1 c. à thé de poivre de Szechuan
1 c. à thé de sucre
1 pincée de gingembre en poudre
1 pincée de poudre d'oignon
1 c. à soupe de vin blanc
1 c. à thé de sauce soya légère ♥
3 cuisses de poulet sans peau
275 g (10 oz) de jeune concombre
1 c. à thé de sel ♥
4 feuilles de laitue

La vinaigrette :
1 c. à soupe d'ail dégermé et haché
1 c. à thé de sauce soya légère
4 c. à soupe de vinaigre noir ou
    de vinaigre de vin rouge
1 c. à soupe d'huile de sésame
3 c. à soupe d'huile de chili
1 c. à thé de sucre
2 c. à soupe de bouillon de poulet ♥ ♥

♥ *Ne mettre ni sauce soya ni sel, donc
ne pas faire dégorger le concombre.*

♥ *Ne pas mettre de sel.*

♥ ♥ *Utiliser du bouillon de poulet non salé.*

Préparation : Préchauffer le four à 180°C (350°F). Mélanger le poivre de Szechuan, le sucre, le gingembre, la poudre d'oignon, le vin blanc et la sauce soya. En badigeonner les cuisses de poulet. Cuire au four 45 minutes. Couper le concombre en rondelles, saupoudrer de sel et faire dégorger pendant environ 15 minutes. Bien rincer, éponger et réserver. Sortir les cuisses de poulet du four et les laisser refroidir. Les désosser et les défaire en languettes avec les doigts. Bien mélanger tous les ingrédients de la vinaigrette. Couvrir une assiette des feuilles de laitue. Dresser le concombre en couronne et placer le poulet au centre. Napper de la vinaigrette et servir.

Vins coups de cœur : Vin rouge, sangiovese d'Italie
Vin rouge, merlot du Chili

Pour 4 personnes

Ingrédients :

1 poitrine de poulet désossée
  et sans peau
125 ml (1/2 tasse) d'eau
1 c. à soupe de fécule de maïs
1 petit oignon
1 ou 2 c. à soupe d'huile de canola
2 c. à soupe de sauce aux huîtres ou
  de sauce soya légère ♥
1 c. à thé de sucre
1 c. à thé de poivre noir
1 piment rouge (chili), coupé en dés

♥ *Réduire la sauce soya à 1 c. à soupe.*

Préparation : Couper le poulet en grosses tranches et les mettre dans un bol. Verser l'eau et brasser vigoureusement, jusqu'à ce que le poulet ait absorbé toute l'eau. Ajouter la fécule de maïs en brassant. Laisser reposer pendant environ 10 minutes. Hacher l'oignon finement. Réserver. Chauffer l'huile de canola dans un wok. Saisir le poulet à feu moyen en remuant continuellement, jusqu'à ce qu'il soit doré. Retirer et réserver. Sauter l'oignon dans l'huile qui reste. Ajouter la sauce aux huîtres, le sucre, le poivre noir et le piment rouge. Amener à ébullition. Incorporer le poulet et laisser cuire 1 minute. Dresser dans une assiette et servir.

Vins coups de cœur : Vin rouge, malbec d'Argentine
Vin rouge de Bordeaux, France

Pour 3 personnes

Ingrédients :

2 cuisses de poulet
1 pincée de sel♥ ♥
1/2 c. à thé de poivre blanc
160 g (1 tasse) de farine
1 c. à thé de poudre à pâte
180 ml (3/4 de tasse) d'eau
1 c. à soupe de zeste de citron
2 c. à soupe d'huile de canola
1 oignon vert coupé en fines rondelles

La sauce :
80 ml (1/3 de tasse) de jus de citron
  frais
3 c. à soupe d'eau
2 c. à soupe de sucre
1 c. à soupe de xérès sec ou
  de vin de riz
2 c. à thé de fécule de maïs

♥ ♥ **Ne pas mettre de sel.**

♥ **Accompagner de légumes plutôt que d'un féculent.**

Préparation : Dépiauter et désosser les cuisses de poulet. Les couper en petits morceaux et les assaisonner de sel et de poivre blanc. Laisser reposer pendant 10 minutes. Bien mélanger la farine, la poudre à pâte, l'eau et le zeste de citron pour en faire une pâte. Passer chaque morceau de poulet dans la pâte. Chauffer l'huile de canola au wok et y sauter les morceaux de poulet jusqu'à ce qu'ils soient bien dorés. **La sauce :** Dans une petite casserole, combiner le jus de citron, l'eau, le sucre, le xérès et la fécule de maïs. Amener à ébullition en remuant. Dresser le poulet dans un plat de service. Napper de sauce au citron et décorer de fines rondelles d'oignon vert.

Vins coups de cœur : Vin blanc, muscadet
Vin rouge, tannat d'Uruguay

Pour 4 personnes

Ingrédients :

2 poitrines de poulet désossées et sans
   peau
3 champignons chinois séchés
10 châtaignes d'eau
2 c. à soupe d'huile de canola
1 oignon vert haché
1 boîte (1 tasse) de pousses de bambou,
   rincées, égouttées et tranchées en
   languettes
1 c. à soupe de gingembre haché
1 c. à thé d'huile de sésame
1/2 c. à thé de poivre blanc
8 à 12 feuilles de laitue

Préparation : Couper les poitrines de poulet en dés. Réserver. Faire tremper les champignons chinois dans de l'eau chaude le temps qu'ils se gonflent, les essuyer, puis en couper les pieds. Presser les champignons avec la main pour en sortir l'excès d'eau. Réserver. Peler les châtaignes d'eau, les rincer et les couper en dés. Réserver. Chauffer l'huile de canola dans un wok. Faire revenir l'oignon vert, les pousses de bambou et le gingembre pour en dégager l'arôme. Ajouter le poulet et le sauter à feu vif en agitant le wok fréquemment. Retirer le poulet lorsqu'il est doré. Réserver. Jeter dans le wok les champignons et les châtaignes d'eau. Parfumer d'huile de sésame et assaisonner de poivre blanc. Remettre le poulet et laisser mijoter quelques minutes. Dans un grand plat de service, répartir la préparation dans les feuilles de laitue. Refermer pour envelopper et faire tenir chaque coupe à l'aide d'un cure-dents.

Vins coups de cœur : Vin blanc du Trentin-Haut-Adige, Italie
                        Vin blanc, sauvignon de Californie

Pour 6 personnes

Ingrédients :

300 g (10 oz) de poulet haché
1/2 boîte (1/2 tasse) de pousses
   de bambou rincées, égouttées
   et hachées
2 oignons verts hachés
1 c. à soupe d'eau
1 goutte d'huile de sésame
1/3 de c. à thé de sucre
1 pincée de sel♥
1 pincée de poivre
24 pâtes won-ton

♥ **Ne pas mettre de sel.**

♥ **Accompagner de légumes plutôt
   que d'un féculent.**

Préparation : Dans un grand bol, mélanger le poulet, les
pousses de bambou, les oignons verts, l'eau, l'huile de sésame, le
sucre, le sel et le poivre. Brasser, toujours dans le même sens,
jusqu'à ce que cela forme une pâte collante. Diviser en
24 portions. Placer une portion de farce sur chaque pâte won-ton.
Refermer les pâtes won-ton en les humectant à l'aide d'un
pinceau. Faire cuire à la vapeur pendant 6 minutes à feu fort.

Vins coups de cœur : Vin blanc, sauvignon de Californie
Vin rosé de Provence

Canard croustillant et savoureux

Pour 6 personnes

Ingrédients :

1 canard
2 ou 3 bâtons de cannelle (20 g)
4 graines de badiane (anis étoilé)
1 pincée de fenouil
1/2 oignon haché
2 tranches de gingembre
quelques graines de coriandre
1 c. à soupe de vin de cuisine chinois
1 1/2 c. à soupe de sauce soya foncée
1 petite soucoupe de 5 épices
1 petite soucoupe de sauce hoisin

Préparation : Nettoyer le canard et aplatir le bréchet. Dans une grosse marmite remplie au tiers d'eau, mettre les bâtons de cannelle, les graines de badiane, le fenouil, l'oignon haché, le gingembre et les graines de coriandre. Déposer une marguerite au fond de la marmite et y placer le canard. Cuire à la vapeur pendant 3 heures à feu moyen-doux. Vérifier fréquemment le niveau d'eau et en ajouter au besoin. Sortir le canard de la marmite et le laisser sécher à l'air. Enlever la peau du canard et le couper en 4 parties, les cuisses et les magrets. Badigeonner du mélange de vin de cuisine et de sauce soya. Rôtir au gril quelques minutes, jusqu'à ce que les morceaux soient dorés. Couper en languettes de 1 cm (1/2 po) et disposer en forme de canard dans un grand plat de service. Servir avec des légumes verts au goût et accompagner d'une petite soucoupe de 5 épices et d'une autre de sauce hoisin.

Vins coups de cœur : Vin blanc, gewürztraminer d'Alsace
Vin blanc, sémillon, chardonnay d'Australie

Bœuf braisé sauce aux haricots noirs

Pour 3 personnes

Ingrédients :

1 c. à soupe d'huile de canola
2 oignons verts
3 tranches de gingembre hachées
1 c. à soupe de sauce aux haricots noirs
   piquante (hot black bean sauce)
   ou de sauce chili
450 g (1 lb) de bœuf émincé
2 c. à thé de sauce soya légère♥
2 c. à soupe de sucre
1 c. à soupe de vin de cuisine chinois
1/2 c. à thé de poivre
2 graines de badiane (anis étoilé)
250 ml (1 tasse) d'eau

♥ *Ne pas mettre de sauce soya.*

Préparation : Dans une poêle, faire chauffer l'huile de canola et dorer les oignons verts et le gingembre. Incorporer la sauce aux haricots piquante. Faire cuire en brassant pour en dégager l'arôme. Ajouter le bœuf et cuire un peu. Incorporer la sauce soya légère, le sucre, le vin de cuisine, le poivre, les graines de badiane et l'eau. Laisser mijoter à feu doux jusqu'à ce que la viande soit tendre. Servir accompagné de riz ou de vermicelle.

Vins coups de cœur : Vin rouge, gamay de la Loire
Vin rouge de Côtes-du-Rhône

Ken Chong

Pour 4 personnes

Ingrédients :

La marinade :

2 c. à thé de sauce soya légère
1 c. à soupe de vin de cuisine chinois
2 c. à soupe de fécule de maïs ou
   de fécule de pommes de terre

Le bœuf :

450 g (1 lb) de filet de bœuf
300 g (10 oz) de brocoli chinois
2 c. à soupe d'huile de canola
4 tranches de gingembre
1 oignon vert coupé en rondelles
2 c. à soupe de sauce aux huîtres ou
   de sauce aux haricots noirs (black
   bean sauce)
1 c. à soupe de sucre
poivre
1 c. à thé d'huile de sésame

Préparation : Dans un grand bol, mélanger tous les ingrédients de la marinade. Couper le bœuf en tranches fines et les faire macérer 10 minutes dans la marinade. Réserver. Retirer la nervure dure du brocoli. Chauffer 1 c. à soupe d'huile de canola dans un wok et y sauter le brocoli jusqu'à ce qu'il soit cuit. Débarrasser et réserver. Vider le wok de tout liquide. Chauffer le reste d'huile végétale dans le wok et faire cuire à feu vif le bœuf, le gingembre et l'oignon vert en brassant continuellement. Ajouter la sauce aux huîtres, le sucre, le poivre et l'huile de sésame. Poursuivre la cuisson à feu vif jusqu'à ce que le bœuf soit bien tendre. Remettre le brocoli, bien mélanger et servir.

Pour 4 personnes

Ingrédients :

La marinade :
1 1/2 c. à thé de sauce soya légère
1 c. à soupe de vin blanc
3 c. à soupe d'eau

Le porc :
450 g (1 lb) de filet de porc
fécule de maïs
1 c. à soupe d'huile de canola
2 oignons verts hachés
1 c. à soupe de gingembre haché
1 grosse gousse d'ail dégermée
   et hachée
1 c. à soupe de miel
2 c. à soupe de vinaigre
5 feuilles de laitue frisée
1 tomate décorée

Préparation : Bien mélanger tous les ingrédients de la marinade. Couper le filet de porc en tranches fines. Les faire tremper pendant 15 minutes. Retirer les tranches de filet de la marinade et les enrober de fécule de maïs. Chauffer l'huile de canola dans un wok et sauter le porc en brassant constamment jusqu'à ce qu'il devienne doré. Ajouter les oignons verts, le gingembre et l'ail. Mijoter quelques minutes puis ajouter le miel et le vinaigre. Cuire à feu vif en brassant. Recouvrir le fond d'un plat de service des feuilles de laitue, disposer la tomate au centre et le filet de porc tout autour.

Ken Chong

Pour 2 personnes

Ingrédients :

2 œufs
quelques gouttes de lait
2 champignons chinois séchés
5 châtaignes d'eau
2 oignons verts
200 g (7 oz) de viande hachée
   (bœuf, poulet ou dinde)
1 c. à soupe d'huile de sésame
1 c. a thé de jus de gingembre
   (voir conseil)
1 pincée de sel♥
poivre noir, au goût
250 ml (1 tasse) de fond de volaille
   (voir recette)
1 c. à soupe de fécule de maïs

♥ Ne pas mettre de sel.

♥ ♥ ♥ ♥ Pour les grandes occasions.

Préparation : Battre les œufs avec quelques gouttes de lait et les cuire dans une poêle antiadhésive pour en faire 2 omelettes très minces. Rouler chaque omelette et la couper en fines languettes. Réserver. Faire tremper les champignons chinois dans de l'eau chaude pour les ramollir. Enlever les pieds et hacher les champignons. Hacher les châtaignes d'eau et les oignons verts. Dans un grand bol, mélanger les champignons, les châtaignes d'eau, les oignons verts et la viande hachée pour en faire une pâte. Incorporer l'huile de sésame et le jus de gingembre. Saler et poivrer. Diviser la pâte en petites boulettes. Couvrir chaque boulette de languettes d'omelette. Placer les boulettes dans une assiette creuse légèrement huilée. Couvrir l'assiette d'une pellicule de plastique et la déposer sur un faitout rempli au tiers d'eau bouillante. Cuire à feu moyen-fort pendant 5 minutes (ou cuire au bain-marie). Réserver. Dans une petite casserole à part, faire bouillir le fond de volaille pendant 2 minutes, puis l'épaissir avec la fécule de maïs délayée dans un peu de fond. Disposer les boulettes dans une assiette de service et napper de sauce.

Conseil : Comme vous risquez d'avoir de la difficulté à trouver du jus de gingembre dans le commerce, nous vous proposons ici une manière toute simple de le faire vous-même. Il vous suffit de bien congeler une racine de gingembre, de la décongeler au four micro-ondes puis de la presser avec vos mains pour en extraire le jus.

Rendement : 20 boulettes

Ingrédients :

1 ou 2 patates sucrées (300 g)
300 g (2 1/2 tasses) de farine de riz
 collant
115 g (1/2 tasse) de sucre
1/2 c. à thé de poudre à pâte
250 ml (1 tasse) d'eau bouillante
600 g (1 1/4 lb) de pâte de fèves rouges
 douce
150 g (1 tasse) de graines de sésame
 blanches

Préparation : Éplucher les patates sucrées, les faire cuire à la vapeur et les piler. Dans un grand bol, combiner la farine de riz collant, le sucre, la poudre à pâte et les patates pilées. Verser l'eau bouillante et mélanger avec des baguettes de bois. Lorsque le mélange a refroidi, le pétrir pour en faire une pâte homogène, puis l'abaisser. Couper en 20 petits morceaux. Farcir chaque morceau de pâte de fèves rouges et le façonner en boulette. Rouler chaque boulette dans de l'eau et couvrir des graines de sésame. Cuire à la vapeur dans un panier d'osier ou à la marguerite 10 minutes.

Ken Chong

Pour 6 à 8 personnes

Ingrédients :

170 g (1 tasse) de tapioca en boules
1 l (4 tasses) d'eau
55 g (1/4 de tasse) de sucre
60 ml (1/4 de tasse) de crème de noix
  de coco
250 ml (1 tasse) de fruits exotiques
  en boîte (litchi, pêche, mangue,
  jaque, longane), bien égouttés

♥ **Calculer 1 féculent et 1 fruit.**

Préparation : Rincer le tapioca. Le mettre dans une casserole et ajouter l'eau. Amener à ébullition en brassant constamment. Réduire à feu doux et cuire environ 15 minutes, ou jusqu'à ce que le tapioca soit tendre et crémeux. Retirer du feu. Ajouter le sucre et la crème de noix de coco. Laisser refroidir jusqu'à la température de la pièce. Pendant ce temps, couper les fruits en tranches. Mélanger les fruits au tapioca et servir.

Tableau des équivalences

LES LIQUIDES

1 ml	=	1/4 de c. à thé
2,5 ml	=	1/2 c. à thé
5 ml	=	1 c. à thé
15 ml	=	1 c. à soupe
3 c. à thé	=	1 c. à soupe
4 c. à soupe	=	1/4 de tasse
60 ml	=	1/4 de tasse
80 ml	=	1/3 de tasse
125 ml	=	1/2 tasse
160 ml	=	2/3 de tasse
180 ml	=	3/4 de tasse
250 ml	=	1 tasse

LES POIDS

30 g	=	1 oz
50 g	=	1 3/4 oz
100 g	=	3 1/2 oz
150 g	=	5 1/2 oz
200 g	=	7 oz
250 g	=	9 oz
454 g	=	1 lb
1 kg	=	2 lb 3 oz

ABRÉVIATIONS

ml	=	millilitre
g	=	gramme
kg	=	kilogramme
oz	=	once
lb	=	livre
°C	=	degrés Celsius
°F	=	degrés Farenheit

LES POIDS ET VOLUMES (mesures approximatives)

La mesure la plus exacte est toujours le poids. Il reste que dans la pratique beaucoup de gens ont l'habitude de mesurer leurs ingrédients en se servant d'une tasse. Nous avons donc préparé cette liste d'équivalences volume-poids qui, bien qu'approximatives, devraient leur faciliter la tâche.

Farines blanche et de blé entier	1 tasse =	160 g
Farines de seigle et de sarrasin	1 tasse =	115 g
Sucre blanc, sucre à glacer et cassonade	1 tasse =	230 g
Riz, semoule, risotto, pâtes courtes	1 tasse =	200 g
Yogourt	1 tasse =	250 g
Fromage cottage	1 tasse =	250 g
Fromage à la crème léger	1 tasse =	320 g
Fromage râpé	1 tasse =	150 g
Margarine	1 tasse =	225 g
Lentilles brunes, jaunes, vertes, rouges	1 tasse =	200 g
Pois chiches	1 tasse =	160 g
Noix hachées	1 tasse =	150 g
Raisins secs	1 tasse =	160 g
Petits fruits (fraises, framboises, bleuets)	1 1/4 tasse =	300 g = 1 casseau
		150 g = 1/2 casseau

LES TEMPÉRATURES

°Celsius	=	°Farenheit
290°C	=	550°F
270°C	=	525°F
260°C	=	500°F
240°C	=	475°F
230°C	=	450°F
220°C	=	425°F
200°C	=	400°F
190°C	=	375°F
180°C	=	350°F
160°C	=	325°F
150°C	=	300°F
140°C	=	275°F
120°C	=	250°F
100°C	=	200°F
80°C	=	170°F
70°C	=	150°F
60°C	=	140°F

Table des recettes

Table des recettes

Index des recettes